从"心"出发

践行百年初心使命

于建荣 何芹 ◎ 主编

人民东方出版传媒
东方出版社

图书在版编目（CIP）数据

从"心"出发：践行百年初心使命/于建荣，何芹主编 .—北京：东方出版社，2021.9
ISBN 978-7-5207-2333-6

Ⅰ.①从… Ⅱ.①于… ②何… Ⅲ.①中国共产党－党员－思想政治教育－学习参考资料 Ⅳ.①D261.42

中国版本图书馆 CIP 数据核字（2021）第 157796 号

从"心"出发：践行百年初心使命
（CONG XIN CHUFA：JIANXING BAINIAN CHUXIN SHIMING）

主　　编：	于建荣　何　芹
责任编辑：	黄彩霞
出　　版：	东方出版社
发　　行：	人民东方出版传媒有限公司
地　　址：	北京市西城区北三环中路6号
邮　　编：	100120
印　　刷：	天津鑫旭阳印刷有限公司
版　　次：	2021年9月第1版
印　　次：	2021年9月北京第1次印刷
开　　本：	787毫米×1092毫米　1/16
印　　张：	13
字　　数：	167千字
书　　号：	ISBN 978-7-5207-2333-6
定　　价：	49.00元

发行电话：（010）85924663　85924644　85924641

版权所有，违者必究

如有印装质量问题，请拨打电话：（010）85924725

目 录

序　言 / 001

第一章　在理论学习中守初心担使命 / 001

一、理论是守初心担使命的"启明星" / 002

二、学习习近平新时代中国特色社会主义思想 / 005

三、全面系统学，及时跟进学，深入思考学，联系实际学 / 009

四、读原著、学原文、悟原理 / 013

五、学思用贯通、知信行统一 / 017

第二章　在理想信念中守初心担使命 / 023

一、理想信念是守初心担使命的"灯塔" / 024

二、深刻理解马克思主义，深刻把握历史规律 / 027

三、关键看是否对党忠诚 / 030

四、做理想信念的坚定信仰者、忠实实践者 / 034

第三章　在党性修养中守初心担使命　/ 039

一、加强党性修养，践行初心使命　/ 040

二、坚持党的性质　/ 043

三、践行党的宗旨　/ 044

第四章　在政治体检中守初心担使命　/ 049

一、政治是守初心担使命的统领　/ 050

二、做到"两个维护"　/ 053

三、坚持党的政治立场、政治方向、政治原则和政治道路　/ 056

四、开展经常性政治体检　/ 070

五、永葆共产党人的政治本色　/ 074

第五章　在担当作为中守初心担使命　/ 079

一、担当作为是守初心担使命的实践要领　/ 080

二、做实干家、行动者和奋斗者　/ 082

三、忠实履行职责　/ 085

四、建立担当作为的机制和平台　/ 089

第六章　在调查研究中守初心担使命　/ 093

一、调查研究是守初心担使命的重要方法　/ 094

二、坚持问题导向　/ 097

三、研究确定调研课题 / 100

四、结合分管工作领题调研 / 102

五、把调研成果转化为解决问题、改进工作的实招硬招 / 107

第七章　在为民办事中守初心担使命 / 111

一、为民办事是守初心担使命的要求体现 / 112

二、坚持以人民为中心 / 113

三、坚持不懈为群众办实事做好事解难事 / 118

四、完善直接联系群众制度 / 122

五、始终保持党同人民群众的血肉联系 / 124

第八章　在改进作风中守初心担使命 / 131

一、作风是守初心担使命的形象 / 132

二、坚决反对形式主义、官僚主义 / 136

三、把树立正确政绩观的要求具体化 / 141

四、持续深化纠治查处整治突出问题 / 148

第九章　在专项整治中守初心担使命 / 151

一、专项整治是守初心担使命的有效方法和重要抓手 / 152

二、聚焦动摇党的根基、阻碍党的事业的问题 / 154

三、确定专项整治的突出问题 / 156

四、整体推进问题解决 / 158

　　五、适时组织开展专项检查 / 161

第十章　在遵规守纪、廉洁从政中守初心担使命 / 165

　　一、遵规守纪、廉洁从政是守初心担使命的要求 / 166

　　二、正确处理"八对关系" / 168

　　三、严守党的纪律规矩 / 174

　　四、注意家庭家教家风建设 / 178

　　五、开展任前和常态化警示教育 / 181

附　录

　　关于巩固深化"不忘初心、牢记使命"主题教育成果的意见 / 184

序 言

初心和使命是人类之题，是民族之问。千百年来，中华民族一直没有停止对这个问题的探讨与思考追问。儒家先贤孟子说："大人者，不失其赤子之心者也。""故天将降大任于斯人也，必先苦其心志，劳其筋骨，饿其体肤，空乏其身，行拂乱其所为，所以动心忍性，曾益其所不能。"道家学派创始人老子说："众人熙熙，如享太牢，如春登台。我独泊兮其未兆，如婴儿之未孩。"北宋理学家程颐说："治道亦有从本而言，亦有从事而言。从本而言，惟从格君心之非，正心以正朝廷，正朝廷以正百官。"南宋哲学家陆九渊说："心即理也。"明代思想家王阳明说："心之本体，即是性，性即是理。""至善是心之本体。"明代思想家李贽说："夫童心者，绝假纯真，最初一念之本心也。"

中国共产党人的初心使命，有特定含义。习近平总书记指出："中国共产党人的初心和使命，就是为中国人民谋幸福，为中华民族谋复兴。"[1] 守初心，就是要牢记全心全意为人民服务的根本宗旨，以坚定的理想信念坚守初心，牢记人民对美好生活的向往就是我们的奋斗目标；以真挚的人民情怀滋养初心，时刻不忘我们党来自人民、根植人民，人民群众的支持和拥护是我们胜利前进的不竭力量源泉；以牢固的公仆意识践行初心，永远铭记人民是

---

[1] 习近平：《决胜全面建成小康社会 夺取新时代中国特色社会主义伟大胜利——在中国共产党第十九次全国代表大会上的报告》，《求是》2017年第21期。

共产党人的衣食父母,共产党人是人民的勤务员,永远不能脱离群众、轻视群众、漠视群众疾苦。担使命,就是要牢记我们党肩负的实现中华民族伟大复兴的历史使命,勇于担当负责,积极主动作为,用科学的理念、长远的眼光、务实的作风谋划事业;保持斗争精神,敢于直面风险挑战,知重负重、攻坚克难,以坚忍不拔的意志和无私无畏的勇气战胜前进道路上的一切艰难险阻;在实践历练中增长经验智慧,在经风雨、见世面中壮筋骨、长才干。

中国共产党人的初心使命,是百年初心、百年使命。这不仅是建党一百年的初心使命,是建国一百年的初心使命,还是中华民族无数个百年,直到实现共产主义远大理想的初心使命。为了这个初心使命,一代又一代共产党人,团结和带领全国各族人民,前赴后继,英勇奋斗,谱写了一曲又一曲气吞山河的壮丽史诗,实现了中华民族从站起来到富起来再到强起来的伟大飞跃。

在中国革命和建设时期,以毛泽东同志为主要代表的中国共产党人指出:"我们共产党人,多年以来,不但为中国的政治革命和经济革命而奋斗,而且为中国的文化革命而奋斗;一切这些的目的,在于建设一个中华民族的新社会和新国家。""我们共产党人区别于其他任何政党的又一个显著的标志,就是和最广大的人民群众取得最密切的联系。全心全意地为人民服务,一刻也不脱离群众;一切从人民的利益出发,而不是从个人或小集团的利益出发;向人民负责和向党的领导机关负责的一致性;这些就是我们的出发点。""共产党就是要奋斗,就是要全心全意为人民服务,不要半心半意或者三分之二的心三分之二的意为人民服务。"[1]中国共产党人在带领中国人民践行初心使命的过程中,建立了新中国,确立了社会主义基本制度,发展了社会主义的经济、政治和文化。

---

[1] 中共中央文献研究室编:《毛泽东著作专题摘编》(下),中央文献出版社2003年版,第1562、1884页。

在改革开放新时期，以邓小平同志为主要代表的中国共产党人指出："要使全党在思想上政治上和精神状态上有显著的进步，党员为人民服务而不谋私利的觉悟有显著的提高，党和群众的关系有显著的改善。""民族工业的发展是推动历史前进的，至于资本主义的消极因素那是另外一回事……我们要争取整个中华民族的大团结。""我们集中力量搞四个现代化，着眼于振兴中华民族。没有四个现代化，中国在世界上就没有应有的地位。""社会主义的本质，是解放生产力，发展生产力，消灭剥削，消除两极分化，最终达到共同富裕。"[1] 在带领中国人民践行初心使命的过程中，中国共产党人开辟了中国特色社会主义新道路。

在世纪之交，以江泽民同志为主要代表的中国共产党人指出："怎样使我们党在复杂的国内外形势下始终充满活力，带领全国各族人民推进建设有中国特色社会主义的宏伟事业，实现中华民族的伟大复兴，是我想得最多的一个问题。""每一个领导干部都应好好想一想，参加革命是为什么？现在当干部应该做什么？将来身后应该留点什么？这些问题，我们每个领导干部都应该经常想一想。我们共产党人是全心全意为党和国家的事业、为民族和人民的利益而奋斗的，有什么个人的东西不能抛弃呢？"[2] 中国共产党人在带领中国人民践行初心使命的过程中，实现了小康，进入了新世纪。

在全面建设小康社会的过程中，以胡锦涛同志为主要代表的中国共产党人指出："只要我们始终坚持以人为本，切实做到发展为了人民、发展依靠人民、发展成果由人民共享，充分发挥广大人民群众的积极性、主动性、创造性，我们就一定能够依靠人民团结起来的巨大力量和集中起来的无穷智慧，万众一心地实现中华民族伟大复兴。""要始终把实现好、维护好、发展好最广大人民的根本利益作为党的建设的出发点和落脚点，始终做到心中装

---

[1]《邓小平文选》（第三卷），人民出版社1993年版，第38、161、357、373页。
[2]《江泽民文选》（第三卷），人民出版社2006年版，第14、133页。

着人民、工作依靠人民、一切为了人民。"[1] 中国共产党人在带领中国人民践行初心使命的过程中，为全面建成小康社会打下了坚实基础。

党的十八大以来，面对世界百年未有之大变局和国内外环境的深刻复杂变化，在全面从严治党的过程中，针对少数党员、干部忘记初心使命的问题，习近平总书记明确提出了不忘初心、牢记使命、永远奋斗的政治任务。

2015年7月1日，习近平总书记在给国测一大队老党员的回信中指出："忠于党、忠于人民、无私奉献，是共产党人的优秀品质。党的事业，人民的事业，是靠千千万万党员的忠诚奉献而不断铸就的。不忘初心，方得始终。全国广大共产党员要始终在党爱党、在党为党，心系人民、情系人民，忠诚一辈子，奉献一辈子，以自己的实际行动，团结带领亿万人民为实现'两个一百年'奋斗目标、实现中华民族伟大复兴的中国梦而共同奋斗。"[2]

2016年7月1日，习近平总书记在庆祝中国共产党成立95周年大会上的讲话中指出："我们党已经走过了95年的历程，但我们要永远保持建党时中国共产党人的奋斗精神，永远保持对人民的赤子之心。一切向前走，都不能忘记走过的路；走得再远、走到再光辉的未来，也不能忘记走过的过去，不能忘记为什么出发。面向未来，面对挑战，全党同志一定要不忘初心、继续前进。""坚持不忘初心、继续前进，就要坚持马克思主义的指导地位，坚持把马克思主义基本原理同当代中国实际和时代特点紧密结合起来，推进理论创新、实践创新，不断把马克思主义中国化推向前进。""坚持不忘初心、继续前进，就要牢记我们党从成立起就把为共产主义、社会主义而奋斗确定为自己的纲领，坚定共产主义远大理想和中国特色社会主义共同理想，不断把为崇高理想奋斗的伟大实践推向前进。""坚持不忘初心、继续前进，就要坚持中国特色社会主义道路自信、理论自信、制度自信、文化自信，坚持党的

---

[1]《胡锦涛文选》（第三卷），人民出版社2016年版，第128—129、134页。
[2]《习近平总书记给国测一大队老队员老党员的回信》，新华网2015年7月1日。

基本路线不动摇，不断把中国特色社会主义伟大事业推向前进。""坚持不忘初心、继续前进，就要统筹推进'五位一体'总体布局，协调推进'四个全面'战略布局，全力推进全面建成小康社会进程，不断把实现'两个一百年'奋斗目标推向前进。""坚持不忘初心、继续前进，就要坚定不移高举改革开放旗帜，勇于全面深化改革，进一步解放思想、解放和发展社会生产力、解放和增强社会活力，不断把改革开放推向前进。""坚持不忘初心、继续前进，就要坚信党的根基在人民、党的力量在人民，坚持一切为了人民、一切依靠人民，充分发挥广大人民群众积极性、主动性、创造性，不断把为人民造福事业推向前进。""坚持不忘初心、继续前进，就要始终不渝走和平发展道路，始终不渝奉行互利共赢的开放战略，加强同各国的友好往来，同各国人民一道，不断把人类和平与发展的崇高事业推向前进。""坚持不忘初心、继续前进，就要保持党的先进性和纯洁性，着力提高执政能力和领导水平，着力增强抵御风险和拒腐防变能力，不断把党的建设新的伟大工程推向前进。"[1]

2016年7月20日，习近平总书记在致信祝贺中国地质博物馆建馆100周年时指出："希望你们以建馆百年为新起点，不忘初心、与时俱进，以提高全民科学素质为己任，以真诚服务青少年为重点，更好发挥地学研究基地、科普殿堂的作用，努力把中国地质博物馆办得更好、更有特色，为建设世界科技强国、实现中华民族伟大复兴的中国梦再立新功。"[2]

2017年10月18日，习近平总书记在中国共产党第十九次全国代表大会上的报告中指出："不忘初心，牢记使命，高举中国特色社会主义伟大旗帜，决胜全面建成小康社会，夺取新时代中国特色社会主义伟大胜利，为实现中华民族伟大复兴的中国梦不懈奋斗。""不忘初心，方得始终。中国共产党人的初心和使命，就是为中国人民谋幸福，为中华民族谋复兴。这个初心

---

[1] 《习近平在庆祝中国共产党成立95周年大会上的讲话》，《人民日报》2016年7月2日。
[2] 《习近平致信祝贺中国地质博物馆建馆100周年》，新华网2016年7月23日。

和使命是激励中国共产党人不断前进的根本动力。全党同志一定要永远与人民同呼吸、共命运、心连心,永远把人民对美好生活的向往作为奋斗目标,以永不懈怠的精神状态和一往无前的奋斗姿态,继续朝着实现中华民族伟大复兴的宏伟目标奋勇前进。""弘扬马克思主义学风,推进'两学一做'学习教育常态化制度化,以县处级以上领导干部为重点,在全党开展'不忘初心、牢记使命'主题教育,用党的创新理论武装头脑,推动全党更加自觉地为实现新时代党的历史使命不懈奋斗。"[1]

2017年10月31日,习近平总书记在带领中共中央政治局常委瞻仰上海中共一大会址和浙江嘉兴南湖红船时指出:"只有不忘初心、牢记使命、永远奋斗,才能让中国共产党永远年轻。"[2]

2018年4月8日,习近平总书记在人民大会堂会见联合国秘书长古特雷斯时指出:"我们所做的一切都是为人民谋幸福,为民族谋复兴,为世界谋大同。"[3]

2019年3月1日,习近平总书记在2019年春季学期中央党校(国家行政学院)中青年干部培训班开班式上的讲话中指出:"不忘初心,方得始终。新中国成立70周年,是进行'不忘初心,牢记使命'教育的最好时间节点。干部要把党的初心、党的使命铭刻于心,这样,人生奋斗才有更高的思想起点,才有不竭的精神动力。干部要把人民放在心中最高位置。同人民风雨同舟、血脉相通、生死与共,是我们党战胜一切困难和风险的根本保证。离开了人民,我们就会一事无成。要牢记群众是真正的英雄,任何时候都不能忘记为了谁、依靠谁、我是谁,真正同人民结合起来。""广大干部特别是年轻

---

[1] 习近平:《决胜全面建成小康社会 夺取新时代中国特色社会主义伟大胜利——在中国共产党第十九次全国代表大会上的报告》,《求是》2017年第21期。

[2] 《不忘初心、牢记使命、永远奋斗——习近平总书记带领中共中央政治局常委瞻仰中共一大会址引起热烈反响》,新华网2017年11月2日。

[3] 《习近平会见联合国秘书长古特雷斯》,新华网2018年4月8日。

干部要在常学常新中加强理论修养，在真学真信中坚定理想信念，在学思践悟中牢记初心使命，在细照笃行中不断修炼自我，在知行合一中主动担当作为，保持对党的忠诚心、对人民的感恩心、对事业的进取心、对法纪的敬畏心，做到信念坚、政治强、本领高、作风硬。"[1]

2019年3月22日，习近平总书记在回答意大利众议长菲科的提问时说："我将无我，不负人民。我愿意做到一个'无我'的状态，为中国的发展奉献自己。"[2]

2019年5月20日，习近平总书记在江西省于都县会见红军后代、革命烈士家属代表时说："现在国家发展了，人民生活好了，一定要饮水思源，不要忘了革命先烈，不要忘了中央苏区的老百姓们。""这里是中央苏区，是红军长征的出发地。我这次到赣南，就直奔于都来了。我来这里也是想让全国人民都知道，中国共产党不忘初心，全中国人民也要不忘初心，不忘我们的革命宗旨、革命理想，不忘我们的革命前辈、革命先烈，不要忘了我们苏区的父老乡亲们。"[3]

2020年6月27日，习近平总书记在给复旦大学《共产党宣言》展示馆党员志愿服务队全体队员的回信中指出："希望广大党员特别是青年党员认真学习马克思主义理论，结合学习党史、新中国史、改革开放史、社会主义发展史，在学思践悟中坚定理想信念，在奋发有为中践行初心使命，努力为实现'两个一百年'奋斗目标、实现中华民族伟大复兴的中国梦贡献智慧和力量。"[4]

---

[1]《习近平在中央党校（国家行政学院）中青年干部培训班开班式上发表重要讲话强调 在常学常新中加强理论修养 在知行合一中主动担当作为》，《人民日报》2019年3月2日。

[2]《"欢迎你到中国去"（习近平主席访问欧洲微镜头）》，《人民日报》2019年3月24日。

[3]《不忘初心，重整行装再出发——习近平总书记在江西调研并主持召开推动中部地区崛起工作座谈会纪实》，《光明日报》2019年5月24日。

[4]《习近平给复旦大学〈共产党宣言〉展示馆党员志愿服务队全体队员的回信》，新华网2020年6月30日。

2020年9月11日,习近平总书记在科学家座谈会上发表讲话,指出:"希望广大科技工作者不忘初心、牢记使命,秉持国家利益和人民利益至上,继承和发扬老一辈科学家胸怀祖国、服务人民的优秀品质,弘扬'两弹一星'精神,主动肩负起历史重任,把自己的科学追求融入建设社会主义现代化国家的伟大事业中去。"[1]

2020年9月16日,习近平总书记在湖南省郴州市汝城县文明瑶族乡沙洲瑶族村参观"半条被子的温暖"专题陈列馆时指出:"'半条被子的故事'体现了中国共产党人的初心和本色,当年红军在缺吃少穿、生死攸关的时候,还想着老百姓的冷暖,真是一枝一叶总关情!"[2]

2020年1月8日,习近平总书记在"不忘初心、牢记使命"主题教育总结大会上指出:"不忘初心、牢记使命,必须作为加强党的建设的永恒课题和全体党员、干部的终身课题常抓不懈。""必须用马克思主义中国化最新成果统一思想、统一意志、统一行动。""必须以正视问题的勇气和刀刃向内的自觉不断推进党的自我革命。""必须发扬斗争精神,勇于担当作为。""必须完善和发展党内制度,形成长效机制。""必须坚持领导机关和领导干部带头。"[3]第一次明确提出了初心使命范畴,系统地阐述了共产党人的初心使命问题,把对初心使命问题的认识提升到新水平,并领导全党开展"不忘初心、牢记使命"主题教育,巩固深化"不忘初心、牢记使命"主题教育成果,在带领全党践行初心使命的过程中,开启全面建设社会主义现代化国家新征程。

---

[1] 《习近平主持召开科学家座谈会强调 面向世界科技前沿面向经济主战场 面向国家重大需求面向人民生命健康 不断向科学技术广度和深度进军》,《人民日报》2020年9月12日。

[2] 《沙洲村重温"半条被子的故事",习近平强调:讲好红色故事,让红色基因代代相传》,新华网2020年9月17日。

[3] 《习近平在"不忘初心、牢记使命"主题教育总结大会上强调 以主题教育为新的起点持续推动全党不忘初心牢记使命》,《人民日报》2020年1月9日。

序言

中国共产党人的初心使命，源于马克思列宁主义、毛泽东思想、邓小平理论、"三个代表"重要思想、科学发展观、习近平新时代中国特色社会主义思想，源于共产党人的党性，是中国共产党人成功的秘诀，也是中国共产党人带领中国人民实现从站起来到富起来再到强起来伟大飞跃的宝贵经验。

清醒清心，课题必修。一个忘记来路的民族必定是没有出路的民族，一个忘记初心的政党必定是没有未来的政党，一个背离初心、不愿担当的党员、干部必定是不合格的党员、干部。共产主义理想远大，中国特色社会主义任重道远，当今世界正在经历百年未有之大变局，中华民族伟大复兴面临着许多挑战，党内还存在着宗旨意识淡化、理想信念缺失、党性不纯、思想不纯、政治不纯、组织不纯、作风不纯、违背初心和使命等问题，要统揽"四个伟大"，开启建设社会主义现代化国家新征程，高质量地完成"十四五"期间的各项任务，迫切要求修好不忘初心、牢记使命这个党的建设的永恒课题和党员、干部的终身课题。

初心易得，始终难守。为学习贯彻习近平总书记关于初心使命的重要论述，贯彻落实中共中央办公厅印发的《关于巩固深化"不忘初心、牢记使命"主题教育成果的意见》精神，向着全面建成社会主义现代化强国的第二个百年奋斗目标迈进，本书坚持以习近平新时代中国特色社会主义思想为指导，探讨了在理论学习中守初心担使命、在理想信念中守初心担使命、在党性修养中守初心担使命、在政治体检中守初心担使命、在担当作为中守初心担使命、在调查研究中守初心担使命、在为民办事中守初心担使命、在改进作风中守初心担使命、在专项整治中守初心担使命、在遵规守纪廉洁从政中守初心担使命等问题，以期对党员、干部修好守初心担使命这个党的建设的永恒课题和全体党员、干部的终身课题，守初心担使命，增强"四个意识"、坚定"四个自信"、做到"两个维护"，巩固深化主题教育成果，完成新时代赋予的神圣使命有所帮助。

第一章

在理论学习中守初心担使命

党的理论是共产党人初心使命的集中阐释,是守初心担使命的先导。要修好党的建设的永恒课题和全体党员、干部的终身课题,必须加强理论修养,坚持学思用贯通、知信行统一,读原著、学原文、悟原理,全面系统、及时跟进、深入思考、联系实际地学习党的理论特别是习近平新时代中国特色社会主义思想,用党的理论引领守初心担使命。

一、理论是守初心担使命的"启明星"

理论,顾名思义,是论"理"的,是对事物的真理、道理即本质和规律的系统阐释。

党的理论主要包括马克思列宁主义、毛泽东思想、邓小平理论、"三个代表"重要思想、科学发展观、习近平新时代中国特色社会主义思想。

马克思列宁主义,是马克思恩格斯创立的、列宁继承和发展的完整的科学的理论体系,是无产阶级和广大劳动人民认识世界改造世界的世界观和方法论。其核心内容是唯物史观、剩余价值学说和科学社会主义理论。马克思列宁主义揭示了人类社会历史发展的规律,是党的行动指南。坚持马克思列宁主义的基本原理,走中国人民自愿选择的适合中国国情的道路,中国的社会主义事业必将取得最终的胜利。

毛泽东思想是马克思列宁主义的基本原理同中国革命的具体实践相结合的产物,是马克思列宁主义在中国的运用和发展,是被实践证明了的关于中国革命和建设的正确的理论原则和经验总结,是中国共产党集体智慧的结晶。其主要内容是:无产阶级领导的,工农联盟为基础的,人民大众的,反对帝国主义、封建主义和官僚资本主义的新民主主义革命的理论;采取社会主义工业化和社会主义改造同时并举的方针,逐步改造生产资料私有制的社会主义改造理论;正确处理人民内部矛盾、社会主义建设中重大关系的社会主义建设理论;重于从思想上建设党,坚持理论和实践相结合、和人民群众紧密地联系在一起、自我批评的作风,建设无产阶级政党的党的建设理论;等等。其活的灵魂是实事求是、群众路线、独立自主。

在毛泽东思想指引下，中国共产党领导全国各族人民，经过新民主主义革命和社会主义革命，建立了新中国和社会主义基本制度，使中国人民站了起来，奠定了中国发展进步的基础。

邓小平理论是马克思列宁主义的基本原理同当代中国实际和时代特征相结合的产物，是马克思列宁主义同中国实际相结合的第二次飞跃，是中国共产党集体智慧的结晶，是毛泽东思想在新的历史条件下的继承和发展，是当代中国的马克思主义。其主要内容包括：社会主义初级阶段论，社会主义本质论，社会主义发展动力论，社会主义市场经济论，等等。在邓小平理论指引下，中国共产党领导全国各族人民，进行改革开放，开辟了中国特色社会主义新道路。

"三个代表"重要思想是对马克思列宁主义、毛泽东思想、邓小平理论的继承和发展，反映了当代世界和中国的发展变化对党和国家工作的新要求，是加强和改进党的建设、推进我国社会主义自我完善和发展的强大理论武器，是中国共产党集体智慧的结晶，是党必须长期坚持的指导思想。其核心内容是：始终代表中国先进生产力的发展要求，始终代表中国先进文化的前进方向，始终代表中国最广大人民的根本利益。始终做到"三个代表"，是我们党的立党之本、执政之基、力量之源。在"三个代表"重要思想指引下，中国共产党领导全国各族人民，成功地把中国特色社会主义伟大事业推进到21世纪。

科学发展观是同马克思列宁主义、毛泽东思想、邓小平理论、"三个代表"重要思想既一脉相承又与时俱进的科学理论，是马克思主义关于发展的世界观和方法论的集中体现，是马克思主义中国化重大成果，是中国共产党集体智慧的结晶。其第一要义是发展，核心是以人为本，基本要求是全面协调可持续，根本方法是统筹兼顾。在科学发展观指引下，中国共产党领导全国各族人民,全面建设小康社会,中国特色社会主义伟大事业取得了新的成就。

习近平新时代中国特色社会主义思想是对马克思列宁主义、毛泽东思想、邓小平理论、"三个代表"重要思想、科学发展观的继承和发展,是马克思主义中国化最新成果,是党和人民实践经验和集体智慧的结晶,是中国特色社会主义理论体系的重要组成部分,是全党全国人民为实现中华民族伟大复兴而奋斗的行动指南,必须长期坚持并不断发展。在习近平新时代中国特色社会主义思想指导下,中国共产党领导全国各族人民,统揽伟大斗争、伟大工程、伟大事业、伟大梦想,推动中国特色社会主义进入了新时代。

党的基本理论,是党性的基本构成要素,是孕育共产党人初心使命的世界观和方法论,是党员、干部守初心担使命的"启明星"。

党的基本理论明确了党员、干部守初心担使命的方向。马克思主义揭示了人类社会生产力与生产关系、经济基础与上层建筑矛盾运动的规律,揭示了资本主义社会生产社会化与私人占有、无产阶级与资产阶级矛盾运动的规律,揭示了资本主义必然灭亡与社会主义共产主义必然胜利的方向和趋势。这个方向,也是为中国人民谋幸福、为中华民族谋复兴的方向,也是党员、干部守初心担使命的方向。

党的基本理论明确了党员、干部守初心担使命的道路。只有社会主义才能救中国,只有中国特色社会主义才能发展中国。中国特色社会主义道路,是人民的幸福之路,是中华民族的复兴之路,也是党员、干部守初心担使命的根本之路。

党的基本理论明确了党员、干部守初心担使命的力量。人民群众是历史的创造者,是实现人民幸福和中华民族复兴的根本力量,也是党员、干部守初心担使命的力量。

党的基本理论明确了党员、干部守初心担使命的规律。马克思主义揭示了人类社会发展规律。当代中国的马克思主义——习近平新时代中国特色社会主义思想,深化了对共产党执政规律、社会主义建设规律、人类社会发展规律的认识。这些规律,是实现人民幸福、中华民族复兴必须遵循的规律,也是党员、干部守初心担使命应该遵循的规律。

党员、干部守初心担使命,必须加强理论修养特别是加深对习近平新时代中国特色社会主义思想的理解,让科学理论来指引党员、干部前进的方向,让守初心、担使命思想根基更牢固。

二、学习习近平新时代中国特色社会主义思想

习近平新时代中国特色社会主义思想,是马克思主义中国化最新成果,是共产党人守初心担使命的灵魂。2017年10月24日,党的第十九次全国代表大会审议并一致通过了《中国共产党章程(修正案)》的决议,把习近平新时代中国特色社会主义思想写入了党章。2018年3月11日,第十三届全国人大一次会议通过了《中华人民共和国宪法(修正案)》的决议,把习近平新时代中国特色社会主义思想写入了宪法。把习近平新时代中国特色社会主义思想写入党章、载入宪法,进一步筑牢共同思想基础,更好地团结激励全党全国各族人民为实现中华民族伟大复兴中国梦而奋斗。

学习习近平新时代中国特色社会主义思想,要把握时代课题。中国特色社会主义进入新时代,这是我国发展新的历史方位。新时代提出了新课题,这就是坚持和发展什么样的中国特色社会主义、怎样坚持和发展中国特色社会主义。这是时代之问。习近平新时代中国特色社会主义思想,正

是对这个时代之问的科学解答。深刻把握坚持和发展中国特色社会主义这个时代课题，深入学习习近平总书记是怎样研究和阐述这个时代课题的，进而更好地把握习近平新时代中国特色社会主义思想的核心要义。

学习习近平新时代中国特色社会主义思想，要把握核心内容。习近平新时代中国特色社会主义思想，内涵丰富，博大精深，并在不断地丰富和发展之中。其核心内容是"八个明确""十四个坚持"。"八个明确"即：明确坚持和发展中国特色社会主义，总任务是实现社会主义现代化和中华民族伟大复兴，在全面建成小康社会的基础上，分两步走在本世纪中叶建成富强民主文明和谐美丽的社会主义现代化强国；明确新时代我国社会主要矛盾是人民日益增长的美好生活需要和不平衡不充分的发展之间的矛盾，必须坚持以人民为中心的发展思想，不断促进人的全面发展、全体人民共同富裕；明确中国特色社会主义事业总体布局是"五位一体"、战略布局是"四个全面"，强调坚定道路自信、理论自信、制度自信、文化自信；明确全面深化改革总目标是完善和发展中国特色社会主义制度、推进国家治理体系和治理能力现代化；明确全面推进依法治国总目标是建设中国特色社会主义法治体系、建设社会主义法治国家；明确党在新时代的强军目标是建设一支听党指挥、能打胜仗、作风优良的人民军队，把人民军队建设成为世界一流军队；明确中国特色大国外交要推动构建新型国际关系，推动构建人类命运共同体；明确中国特色社会主义最本质的特征是中国共产党领导，中国特色社会主义制度的最大优势是中国共产党领导，党是最高政治领导力量，提出新时代党的建设总要求，突出政治建设在党的建设中的重要地位。这主要是对坚持和发展什么样的中国特色社会主义问题的科学解答。

"十四个坚持"即：坚持党对一切工作的领导；坚持以人民为中心；坚持全面深化改革；坚持新发展理念；坚持人民当家作主；坚持全面依法

治国；坚持社会主义核心价值体系；坚持在发展中保障和改善民生；坚持人与自然和谐共生；坚持总体国家安全观；坚持党对人民军队的绝对领导；坚持"一国两制"和推进祖国统一；坚持推动构建人类命运共同体；坚持全面从严治党。这主要是对怎样坚持和发展中国特色社会主义的科学解答。它们相互联系，共同构成习近平新时代中国特色社会主义思想的核心内容。学习把握习近平新时代中国特色社会主义思想，必须在这个核心内容上下功夫。

学习习近平新时代中国特色社会主义思想，要站稳其立场。人民是历史的创造者，是决定党和国家前途命运的根本力量。人民立场是马克思主义的一贯立场，是习近平新时代中国特色社会主义思想的根本政治立场。要站稳习近平新时代中国特色社会主义思想的人民立场，坚持以人民为中心的发展思想，践行全心全意为人民服务的宗旨，用好党的群众路线，为了人民、依靠人民创造历史伟业。

学习习近平新时代中国特色社会主义思想，要把握其思想方法和工作方法。习近平新时代中国特色社会主义思想是世界观与方法论的统一，是认识论与实践论的统一，是干什么与怎么干的统一，包含着马克思主义辩证唯物主义和历史唯物主义的思想方法和工作方法，如理论联系实际，问题导向，调查研究，实事求是，全面协调，坚持战略思维、创新思维、辩证思维、法治思维、底线思维，以上率下，保持战略定力，抓铁有痕、踏石留印，历史担当，等等。要注意把握和学习这些思想方法和工作方法，不断提高工作的本领和水平。

学习习近平新时代中国特色社会主义思想，要把握其初心使命担当的思想。习近平新时代中国特色社会主义思想是服务于人民、服务于民族复兴和服务于世界的科学理论。2018年4月8日，习近平总书记在会见联合国秘书长古特雷斯时指出:"我们所做的一切都是为人民谋幸福,为民族谋复兴,为世界谋大同。"[1]中共中央宣传部主编的《习近平新时代中国特色社会主义思想三十讲》指出:"习近平新时代中国特色社会主义思想的精髓,就是为人民谋幸福、为民族谋复兴、为世界作贡献。"[2]这是贯穿于习近平新时代中国特色社会主义思想的主线,是习近平新时代中国特色社会主义思想的初心使命担当。学习习近平新时代中国特色社会主义思想,要认真学习和体会习近平总书记关于初心使命担当的相关论述,把握其精髓要义,提高初心使命的觉悟,担当起应有的责任。

学习习近平新时代中国特色社会主义思想,要学习其精神品格。常言道:文如其人。习近平新时代中国特色社会主义思想凝结着习近平总书记丰富的精神品格。如在"初心使命"方面,他说:"我是人民的勤务员,让人民过上好日子是我们共产党人的初心、宗旨。"[3]在"从我做起"方面,他说:"我提倡钉钉子精神,这得从我做起啊!这件事我要以钉钉子精神反反复复地去抓。"[4]在"豪迈情怀"方面,他说:"革命理想高于天。"[5]在"宽广胸怀"方面,他说:"要有家国情怀,也要有人类关怀,发扬中华文化崇尚的四海一家、天下为公精神,为实现中华民族伟大复兴而奋斗,为推动共建'一带一路'、推动构建人类命运共同体而努力。"[6]在"无畏担当"方面,他

---

[1] 《习近平会见联合国秘书长古特雷斯》,新华网2018年4月8日。

[2] 中共中央宣传部主编:《习近平新时代中国特色社会主义思想三十讲》,学习出版社2018年版,第346页。

[3] 《二〇一八年春节前夕赴四川看望慰问各族干部群众时的讲话》,《人民日报》2018年2月14日。

[4] 《"这件事我要以钉钉子精神反反复复地去抓"——记习近平总书记在重庆专题调研脱贫攻坚》,《人民日报》2019年4月19日。

[5] 习近平:《决胜全面建成小康社会 夺取新时代中国特色社会主义伟大胜利——在中国共产党第十九次全国代表大会上的报告》,《求是》2017年第21期。

[6] 习近平:《在纪念五四运动100周年大会上的讲话》,新华网2019年4月30日。

说:"人民把权力交给我们,我们就必须以身许党许国、报党报国,该做的事就要做,该得罪的人就得得罪。不得罪腐败分子,就必然会辜负党、得罪人民。是怕得罪成百上千的腐败分子,还是怕得罪十三亿人民?不得罪成百上千的腐败分子,就要得罪十三亿人民。"[1] "脱贫攻坚战进入决胜的关键阶段,务必一鼓作气、顽强作战,不获全胜决不收兵。"[2] 在"形象生动的语言风格"方面,他说:"'老虎'、'苍蝇'一起打"[3];"理想信念就是共产党人精神上的'钙',没有理想信念,理想信念不坚定,精神上就会'缺钙',就会得'软骨病'"[4],等等。学习习近平新时代中国特色社会主义思想,要认真学习和把握这些精神品格,以涵养守初心担使命。

三、全面系统学,及时跟进学,深入思考学,联系实际学

怎样学习习近平新时代中国特色社会主义思想?这是一个看似简单,但实际上值得认真思考、迫切需要解决好的问题。

党的十九大以来,我们运用理论学习中心组学习、党支部学习、学习强国平台学习、辅导报告会等多种方式,对习近平新时代中国特色社会主义思想进行了学习,取得了统一思想、提升能力、推动工作等多方面的成效,但还存在着学习不深入、不系统、不全面、不及时、脱离实际、不深不透等问题。针对这些问题,习近平总书记提出了"在学习理论上,干部

---

[1] 中共中央文献研究室编:《习近平关于全面从严治党论述摘编》,中央文献出版社2016年版,第186页。

[2] 《习近平的民生关切》,《人民日报》(海外版)2019年8月14日。

[3] 《习近平谈治国理政》(第二卷),外文出版社2017年版,第265页。

[4] 《习近平在十八届中共中央政治局第一次集体学习时的讲话》,新华网2012年11月19日。

要舍得花精力,全面系统学,及时跟进学,深入思考学,联系实际学"[1]的要求。

要全面系统学。任何科学的理论,只有全面学习、系统学习,才能真正把握其精髓。习近平新时代中国特色社会主义思想,内容涵盖中国特色社会主义的总目标、总任务、总体布局、战略布局、发展方向、发展方式、发展动力、战略步骤、外部条件、政治保证等基本问题,以及根据新的实践对经济、政治、法治、科技、文化、教育、民生、民族、宗教、社会、生态文明、国家安全、国防和军队、"一国两制"和祖国统一、统一战线、外交、党的建设等各方面作出的理论分析和政策指导,是一个博大精深的科学理论体系,只有全面系统学习,才能够真正学懂弄通做实。这就要求我们,克服烦躁情绪,静下心来,联系地而不是孤立地、系统地而不是零散地、全面地而不是片面地进行学习;先是一部分、一部分地学习习近平新时代中国特色社会主义思想,然后从每一部分中跳出来,把每一部分联系起来进行学习,弄通每一部分之间的相互关系,弄通"八个明确"和"十四个坚持"之间的相互关系,弄懂其内在逻辑,把握其时代意义、理论意义、实践意义、世界意义和核心要义、精神实质、丰富内涵、实践要求,进而把握习近平新时代中国特色社会主义思想的科学体系。

要及时跟进学。与时俱进,是马克思主义理论的品质。习近平新时代中国特色社会主义思想,是面向中国特色社会主义实践、面向丰富多彩的世界不断发展的科学理论体系,只有及时跟进学习,才能把握其新内容、新要求。如2019年,习近平总书记发表了《为实现民族伟大复兴 推进祖

---

[1] 《习近平在中央党校(国家行政学院)中青年干部培训班开班式上发表重要讲话强调 在常学常新中加强理论修养 在知行合一中主动担当作为》,《人民日报》2019年3月2日。

国和平统一而共同奋斗——在〈告台湾同胞书〉发表40周年纪念会上的讲话》《在2019年春节团拜会上的讲话》《为建设更加美好的地球家园贡献智慧和力量——在中法全球治理论坛闭幕式上的讲话》等重要讲话,主持召开学校思想政治理论课教师座谈会、中央全面深化改革委员会第七次会议、解决"两不愁三保障"突出问题座谈会等会议并发表重要讲话,到河北雄安新区考察调研,到天津、重庆等地考察调研并指导工作,到意大利、摩纳哥、法国等国出访并阐述中国的政策主张等,都包含着新的要求和观点,只有及时跟进学习才能更好地贯彻落实。

要深入思考学。"学而不思则罔"。学习必须深入思考研究,否则,就不可能弄懂学习内容的真正内涵。这是千百年来的学习经验。深入学习习近平新时代中国特色社会主义思想,主要是弄懂三个问题:一是弄清楚是什么。也就是习近平总书记到底讲的是什么问题,是在什么条件下、针对什么问题讲的。二是弄清楚为什么。也就是弄清楚习近平总书记讲的道理,弄清楚其理论价值和实际意义。三是弄清楚怎么做。也就是弄清楚习近平总书记教给我们的方法。怎样进行思考式学习,弄懂这三个问题,方法很多,比如进行研究式学习。据曾经与习近平同志一道在梁家河插队的戴明说:"近平一方面是不喜欢参与这些事情,另一方面他那段时间'痴迷'在阅读和学习之中。他碰到喜欢看的书,就要把书看完;遇到不懂的事情,就要仔细研究透彻。当时,我并不觉得什么,现在想起来,一个十五六岁的小伙子,同龄人都跑出去玩耍,他还能饿着肚子坐得住,能踏下心来看书、阅读、思考,这确实需要一定的定力,需要有很强的求知欲和上进心。"[1] 又比如进行批注式学习。据田松年介绍,延安时期,毛泽东在写作

---

[1] 中央党校采访实录编辑室:《习近平的七年知青岁月》,中共中央党校出版社2017年版,第145页。

《实践论》《矛盾论》《辩证法唯物论（讲授提纲）》的前后，在读过的哲学书上留下大量的批注，对《辩证法唯物论教程》（第三版）的批注约1.2万字。[1]这些方法，都可以作为我们进行思考式学习的借鉴。

要联系实际学。理论的根基在实际，学习的目的在运用。习近平总书记指出："要紧密结合新时代新实践，紧密结合思想和工作实际，有针对性地重点学习，多思多想、学深悟透，知其然又知其所以然。"[2]只有联系实际，真正学深悟透习近平新时代中国特色社会主义思想。要联系自己的思想实际，在学习中改造自己的主观世界；联系工作实际，在学习中谋划工作，进而提高工作的质量；联系中国实际，在学习中推动中国的发展进步；联系世界实际，在学习中推动构建人类命运共同体。联系这四个方面的实际进行学习，要把握好四个关键点：一是坚持问题导向，带着问题和压力反复地进行，既弄明白习近平总书记所讲的问题，如习近平总书记讲的重大挑战、重大风险、重大阻力、重大矛盾、解决重大问题，又要谋划解决自己工作中的实际问题，厘清工作的思路和方法；二是站稳习近平总书记的立场，既要仔细地学习体会习近平总书记分析问题的具体立场，又要站在与习近平总书记一致的立场上观察分析实际问题；三是把握习近平总书记的重要观点，特别是与自己工作密切相关的重要观点，并结合实际将这些思想学深悟透；四是学习习近平总书记认识问题、分析问题的方法，并运用这种方法分析解决实际问题。

---

[1] 参见龚育之、逄先知、石仲泉：《毛泽东的读书生活》，生活·读书·新知三联书店2010年版，第55、57页。

[2] 《习近平在中央党校（国家行政学院）中青年干部培训班开班式上发表重要讲话强调 在常学常新中加强理论修养 在知行合一中主动担当作为》，《人民日报》2019年3月2日。

四、读原著、学原文、悟原理

读原著、学原文、悟原理,是我们党的优良传统。新民主主义革命时期,我们党就开始翻译学习《共产党宣言》等马列主义经典著作;新中国成立后,1956年至1985年翻译出版了《马克思恩格斯全集》第一版,共50卷;20世纪90年代开始编译出版《马克思恩格斯全集》第二版,计划出版70卷;1955年至1959年翻译出版了《列宁全集》第一版,共45卷;1984年至1990年翻译增补出版《列宁全集》第二版,共60卷。在马克思主义中国化方面,延安整风时期,党中央编辑了《六大以前》和《六大以来》两部重要文献供党员、干部学习。党的七大后,各解放区先后编印了不同版本的《毛泽东选集》供党员、干部学习,如中共晋冀鲁豫中央局编印了上、下两卷《毛泽东选集》,扉页内有"党内文件,干部必读"的字样。[1] 1949年上半年,中共中央开始编辑由毛泽东审阅过的《毛泽东选集》。1951年10月人民出版社出版《毛泽东选集》第一卷,1952年4月人民出版社出版《毛泽东选集》第二卷,1953年4月人民出版社出版《毛泽东选集》第三卷,1960年人民出版社出版《毛泽东选集》第四卷。1977年4月人民出版社出版《毛泽东选集》第五卷,中共中央作出了《关于学习〈毛泽东选集〉第五卷的决定》。1993年11月2日,《邓小平文选》第三卷出版发行,中共中央作出了《关于学习〈邓小平文选〉第三卷的决定》。1994年11月2日,人民出版社出版增补和修订后的《邓小平文选》第一卷、第二卷,中共中央办公厅转发《中央宣传部、中央组织部关于学习〈邓小平文选〉第一、二卷的通知》,提出了学习研读原著的要求。2006年8月13日,中共中央作出了《关于学习〈江泽民文选〉的决定》,要求广

---

[1] 参见朱峰:《1948年版〈毛泽东选集〉现身河北》,《经济参考报》2010年10月8日。

大党员、干部潜心研读原著,把握精神实质,真正学通弄懂。2016年9月23日的《中共中央关于学习〈胡锦涛文选〉的决定》,要求全党同志发扬理论联系实际的马克思主义学风,潜心研读原著,把握精神实质,真正学通弄懂。特别是党中央对学习习近平新时代中国特色社会主义思想作出了多次部署,如2017年11月22日,新华社报道,中共中央办公厅近日转发了《中央宣传部、中央组织部关于认真组织学习〈习近平谈治国理政〉第二卷的通知》,要求各地区各部门结合实际认真贯彻落实。

学习理论的方法很多,如听讲座、读通俗的理论读物、进行研讨交流,这些都是有效的方法,但这些方法有一个共同的缺点,就是无论是讲座还是学习读物、研讨交流,都要受到讲解者、作者、讲话者认识水平、理论水平、写作水平、表达能力等的影响,通过这些途径学到的理论就会出现偏差甚至错误的问题。避免这个问题的方法就是读原著、学原文。对此,恩格斯针对斯蒂贝林在阅读《资本论》时出现的错误指出:"斯蒂贝林博士先生的用意显然是非常好的,但是一个人如果想研究科学问题,首先要学会按照作者写作的原样去阅读自己要加以利用的著作,并且首先不要读出原著中没有的东西。"[1]

读原著、学原文、悟原理,也是针对目前学习党的理论方面的问题提出来的。总的来说,人们对党的理论特别是习近平新时代中国特色社会主义思想的学习是重视的,但还存在有待改进的地方,如学习急于求成、重视学习名言警句轻视系统全面学习、重视辅导读物的学习轻视原著原文的学习、重视解读阐释的学习轻视对源头的追问,因此出现学习不透、理解不够、断章取义、学习不够、贯彻落实不力的问题。如有的地方学习贯彻

---

[1]《马克思恩格斯全集》(第四十六卷),人民出版社2003年版,第26页。

习近平新时代中国特色社会主义思想和党的十九大精神，学得不深入不扎实，对中央重大决策部署和习近平总书记重要指示精神贯彻落实不够到位。这背后的原因也许很多，但一个重要原因是没有认真学习原著原文，没有掌握习近平新时代中国特色社会主义思想的真意本义，以致工作中出现了偏差。因此，习近平总书记强调，"学习理论最有效的办法是读原著、学原文、悟原理"[1]。

要读新时代的原著。主要是学习外文出版社 2014 年出版的《习近平谈治国理政》第一卷、2017 年出版的《习近平谈治国理政》第二卷以及 2020 年出版的《习近平谈治国理政》第三卷。《习近平谈治国理政》第一卷有坚持和发展中国特色社会主义、实现中华民族伟大复兴的中国梦、全面深化改革等 18 个专题，收录的是习近平总书记 2012 年 11 月 15 日至 2014 年 6 月 13 日的讲话、谈话、演讲、批示、贺电等，共 79 篇，还收入了习近平总书记各个时期的照片 45 幅。《习近平谈治国理政》第二卷有坚持和发展中国特色社会主义、实现中华民族伟大复兴的中国梦、决胜全面建成小康社会、将改革进行到底、建设社会主义法治国家、推动全面从严治党向纵深发展等 17 个专题，收录的是习近平总书记 2014 年 8 月 18 日至 2017 年 9 月 29 日期间的讲话、谈话、演讲、批示、贺电等，共 99 篇，还包括这个时期习近平总书记的图片 29 幅。《习近平谈治国理政》第三卷收录了习近平总书记在 2017 年 10 月 18 日至 2020 年 1 月 13 日期间的报告、讲话、谈话、演讲、批示、指示、贺信等 92 篇，分为 19 个专题。为了便于读者阅读，该书作了必要注释。该书还收入习近平总书记这段时间内的图片 41

---

[1]《习近平在中央党校（国家行政学院）中青年干部培训班开班式上发表重要讲话强调 在常学常新中加强理论修养 在知行合一中主动担当作为》，《人民日报》2019 年 3 月 2 日。

幅。这三部著作生动记录了新时代坚持和发展中国特色社会主义的伟大实践，集中反映了习近平新时代中国特色社会主义思想的发展脉络和主要内容。要原汁原味地把握习近平新时代中国特色社会主义思想的精神实质和丰富内涵，必须制订计划、挤出时间，逐专题、逐篇认真地阅读。

要学新时代的原文。主要是学习习近平总书记的重要讲话、重要谈话、重要演讲、重要批示、重要贺电等。党的十八大以来，习近平总书记以马克思主义政治家、理论家的深刻洞察力、敏锐判断力和战略定力，围绕新时代坚持和发展什么样的中国特色社会主义、怎样坚持和发展中国特色社会主义这个重大时代课题，深入调查研究，进行系统理论创新，发表了一系列重要讲话、谈话、演讲，作出了一系列具有针对性的重要批示，发出了一系列贺电，提出了一系列新理念、新思想、新战略。这些重要讲话、重要谈话、重要演讲、重要批示、重要贺电的原文，有的已经通过网络和刊物公开，如2019年5月人民出版社出版的习近平总书记的《在纪念五四运动100周年大会上的讲话》，2019年第6期《求是》杂志发表的习近平总书记的《加快推动媒体融合发展 构建全媒体传播格局》重要文章；有的是出版发行的摘编，如中央文献研究室编辑的《习近平关于实现中华民族伟大复兴的中国梦论述摘编》《习近平关于社会主义政治建设论述摘编》《习近平关于社会主义经济建设论述摘编》《习近平关于社会主义文化建设论述摘编》《习近平关于社会主义社会建设论述摘编》《习近平关于社会主义生态文明建设论述摘编》《习近平关于协调推进"四个全面"战略布局论述摘编》《习近平关于社会主义政治建设论述摘编》等。要学好新时代的原文，把握原意，就要用好网络、刊物、图书等载体，认真开展学习。

要悟新时代的原理。原理，即带有普遍性的、最基本的、可以作为其他规律的基础的规律。这是读原著学原文的落脚点。习近平新时代中特色社会主义思想以全新的视野深化了对共产党执政规律、社会主义建设规律和人类社会发展规律的认识，阐明了一系列重要原理，如中国共产党领导的原理，中国特色社会主义经济建设、政治建设、文化建设、社会建设和生态文明建设以及物质文明、精神文明、政治文明、社会文明和生态文明有机统一的原理，全面建设社会主义现代化国家、全面深化改革、全面依法治国和全面从严治党有机统一的原理，伟大斗争、伟大工程、伟大事业和伟大梦想有机统一的原理，中国特色社会主义道路自信、理论自信、制度自信和文化自信有机统一的原理，坚持党的领导、人民当家作主与依法治国有机统一的原理，社会主义现代化强国的富强、民主、文明、和谐、美丽有机统一的原理，坚持以人民为中心的原理，推动构建人类命运共同体的原理，等等。悟原理，就要把这些新时代的原理悟透，明白是什么、为什么、怎么用，以便把思想行动和守初心担使命牢牢地建立在这些原理的基础之上。

五、学思用贯通、知信行统一

学、思、用，即学习、思考和运用，是学懂弄通做实习近平新时代中国特色社会主义思想的三个密不可分的环节。学习是思考、运用的前提和基础，思考是学习与运用之间的桥梁和纽带，运用是学习与思考的目的和结果。只有把三者贯通起来，在学习中思考，在思考中学习，在学习、思考中运用，在运用中学习和思考，才能够真正学懂弄通做实习近平新时代中国特色社会主义思想。

知、信、行，即懂得、相信和行动，是学懂弄通做实习近平新时代中国特色社会主义思想的三项紧密相连的要求。懂得是相信和行动的基础，相信是联系懂得和行动的桥梁和纽带，行动是懂得、相信的目的和结果。只有把三者统一起来，在懂得的基础上相信，在懂得和相信的基础上行动，在行动中加深理解、坚定信念，才能够做到学懂弄通做实习近平新时代中国特色社会主义思想。

学思用贯通与知信行统一，既相互区别又紧密联系。前者是对学懂弄通做实习近平新时代中国特色社会主义思想的基本要求，是学习、思考、运用的过程；后者是对学懂弄通做实习近平新时代中国特色社会主义思想的更高程度的要求，是从懂得到相信、行动的过程。学思用是知信行的基础，学了才能知，思了才能信，用了才能行；知信行是学思用的要求和检验标准，也就是说，学的成效要用知的状况来衡量和检验，思的成效要用信的状况来衡量和检验，用的成效要用行的状况来衡量和检验。二者共同构成学懂弄通做实习近平新时代中国特色社会主义思想的环节和要求。

学思用贯通、知信行统一，体现着学习的经验规律，体现着马克思主义辩证唯物主义与历史唯物主义的世界观和方法论，体现着认识与实践的辩证法，是学好习近平新时代中国特色社会主义思想的重要要求和方法。习近平总书记指出："学习理论最有效的办法是读原著、学原文、悟原理，强读强记，常学常新，往深里走、往实里走、往心里走，把自己摆进去、把职责摆进去、把工作摆进去，做到学、思、用贯通，知、信、行统一。"[1] 这进一步明确了运用这种学习方法的要领和要求。

第一，做到学思用贯通。一方面，要认真做实每个环节。学，要认真地经常地学习习近平新时代中国特色社会主义思想，理论基础较好的同志

---

[1] 《习近平在中央党校（国家行政学院）中青年干部培训班开班式上发表重要讲话强调 在常学常新中加强理论修养 在知行合一中主动担当作为》，《人民日报》2019年3月2日。

可以直接学习原著原文，理论基础较弱的同志可以先读一些辅导读物，如《习近平新时代中国特色社会主义思想三十讲》，然后再学习原著原文；思，要联系实际，联系马克思列宁主义、毛泽东思想、邓小平理论、"三个代表"重要思想和科学发展观，深入思考习近平新时代中国特色社会主义思想，多问是什么、为什么，弄清楚继承与发展的关系，弄清楚基本内涵和精神实质，形成科学的工作思路和方法；用，要用习近平新时代中国特色社会主义思想改造自己的主观世界，形成科学的世界观、人生观、价值观，进而改造客观世界。另一方面，要把学、思、用三个环节贯通起来，既要明白这是逻辑上三个不同的环节，也要懂得其相互依存、不可分割的特性，眼、脑、手并用，边学习、边思考、边运用，进而学懂弄通做实习近平新时代中国特色社会主义思想。

第二，做到知信行统一。一方面，知，即在理性的层面上弄懂习近平新时代中国特色社会主义思想内涵，明晰其主题、"八个明确"及其内在逻辑、"十四个坚持"及其内在逻辑、"八个明确"与"十四个坚持"的相互关系及其揭示的客观规律。信，真正懂得习近平新时代中国特色社会主义思想的科学性、实践性、人民性，坚信科学、坚信实践、坚信人民，进而坚定对习近平新时代中国特色社会主义思想的信仰信念。行，扛起责任，勇于担当，牢固树立习近平新时代中国特色社会主义思想的根本指导地位，并将此思想贯彻落实到建设中国特色社会主义、建设社会主义现代化强国、实现中华民族伟大复兴的实际行动中。另一方面，要把知、信、行统一起来，在知的基础上信和行，使信和行成为理性的信和行，防止盲信和乱行；在信的基础上知和行，为知、行注入精神动力；在行的检验中强化知和信，以此实现知、信、行的循环往复、不断发展、有机统一。

第三，做到"三个往里走"，即往深里走、往实里走、往心里走。这是做到学思用贯通、知信行统一的三个维度。往深里走，就是学深、思深、用深，知深、信深、行深。学深，就是深入学习，透过文字，把握习近平新时代中国特色社会主义思想的立场观点方法、丰富内涵和精神实质；思深，就是深入思考，把握习近平新时代中国特色社会主义思想的内在逻辑、发展脉络、科学体系、实践要求等；用深，就是坚持以习近平新时代中国特色社会主义思想武装头脑、指导实践，深入改造主观世界和客观世界。知深，就是要懂得习近平新时代中国特色社会主义思想的理论渊源和实践来源，懂得其揭示的客观规律和创新之处；信深，就是坚定对习近平新时代中国特色社会主义思想的理论自信，懂得其科学性、实践性、人民性以及这一思想形成的历史必然性，对其坚信不疑；行深，就是把习近平新时代中国特色社会主义思想与实际相结合，进行深刻的自我革命和社会革命。

往实里走，就是学实、思实、用实，知实、信实、行实。学实，就是忠实原著原文进行学习，结合实际进行学习，老老实实地学习习近平新时代中国特色社会主义思想，不要随意地添加原著原文以外的东西；思实，就是遵循习近平新时代中国特色社会主义思想自身的逻辑进行思考，结合思想工作实际进行思考，形成切合实际的工作思路和工作方法；用实，就是把习近平新时代中国特色社会主义思想科学指导贯彻落实到具体工作中，产生实效。知实，就是对待习近平新时代中国特色社会主义思想，要有实事求是的态度，知之为知之，不知为不知，决不滥竽充数、自欺欺人；信实，就是坚定习近平新时代中国特色社会主义思想的巨大指导地位，用这一思想指引方向，引领航程；行实，就是坚持把习近平新时代中国特色社会主义思想与实际相结合，一切从实际出发，落实、落实、再落实，充分发挥习近平新时代中国特色社会主义思想的实践指导作用。

往心里走，就是学要有心、思要有心、用要有心，知要有心、信要有心、行要有心，以此达到入脑入心。学要有心，就是专心致志地学习习近平新时代中国特色社会主义思想，学以修心，学以静心；思要有心，就是用心思考习近平新时代中国特色社会主义思想的理论与实践问题，弄清楚理论问题，厘清工作思路；用要有心，就是用心解决好习近平新时代中国特色社会主义思想与实际工作结合的问题，破解运用中的难题。知要有心，就是用好大脑和抽象思维，把握习近平新时代中国特色社会主义思想的真知；信要有心，坚定地把对习近平新时代中国特色社会主义思想的信仰信念放在心中最高位置；行要有心，就是科学谋划，自觉地用习近平新时代中国特色社会主义思想指导行动、推动工作。

第四，做到"三个摆进去"，即把自己摆进去、把职责摆进去、把工作摆进去。这是做到学思用贯通、知信行统一的要求。把自己摆进去，就是联系自己具体情况学懂弄通做实习近平新时代中国特色社会主义思想，通过学思用改造主观世界，通过知信行改造客观世界。把职责摆进去，就是联系自身职责学懂弄通做实习近平新时代中国特色社会主义思想，通过学思用定位责任、明晰责任、扛起责任；通过知信行增强信心、落实责任、履行使命。把工作摆进去，就是联系自己工作实际学懂弄通做实习近平新时代中国特色社会主义思想，通过学思用明确工作的立场观点方法，并运用这些立场观点方法，创造性地开展工作；通过知信行，贯彻落实以习近平新时代中国特色社会主义思想指导本职工作，理性思考，科学规划，充满信心地做好工作。

第二章

在理想信念中守初心担使命

革命理想高于天。理想信念是共产党人的政治灵魂，是共产党人初心的本质要求，并为初心使命提供了方向、道路和动力。要修好党的建设的永恒课题和全体党员、干部的终身课题，守初心担使命，必须真学真信真懂马克思主义，深刻把握社会历史发展规律，对党绝对忠诚，不断掸去思想灰尘，补好精神之"钙"，把初心使命建立在坚定的理想信念基础之上，自觉地为中国特色社会主义共同理想和共产主义远大理想不懈奋斗。

一、理想信念是守初心担使命的"灯塔"

理想是人类特有的精神现象，是人们对美好未来的向往、追求和奋斗目标，是古今中外共同探讨的课题。在古希腊时期，伟大的思想家、哲学家柏拉图撰写的《理想国》一书，提出了理想范畴。德国哲学家黑格尔说："人是靠思想站立起来的。"在中国，古代是用"志"表示理想的。孔子说："三军可夺帅也，匹夫不可夺志也。"孟子说："士贵立志，志不立则无成。"清代金缨说："志之所趋，无远勿届，穷山距海，不能限也。志之所向，无坚不入，锐兵精甲，不能御也。"到了近现代，人们才逐渐使用"理想"一词。1924年中华书局出版的唐毂编译的《近代教育家及其理想》，1928年10月上海金屋书店出版的徐培仁翻译的《一个理想的丈夫》，1930年商务印书馆出版的刘麟生的《中国政治理想》等，都使用了"理想"一词。

信念是人们自己认为可以确信的看法，对某人或某事信任、有信心或信赖的一种思想状态。信念是对人生最高价值的理解和追求，反映了人与世界的关系，反映自身力量能够达到的限度和期望的限度。信念是人们在一定认识基础上确立的对某种思想和理想坚信不疑并身体力行的精神状态，是人的认识、情感、意志的统一体。相信，是信念形成的关键。我们认为，信念，一是信，二是念。前者的要义是坚信客观规律，既然是坚信，既包括科学，也包括感情和意志。后者的要义是认识，即观念、看法、精神状态。由此可以说，信念是一种基于客观规律之上的坚定认识，是包含科学、感情和意志三大因素的认识，是一种良好的精神状态。

理想与信念既相互区别又紧密联系。主要区别在于：理想强调的是向往、追求和奋斗目标；信念强调的是观念、看法、精神状态。主要联系在于：二者的基础都是客观规律；理想指明了方向，信念提供了动力；二者都是人对某种目标价值的追求。正是这种密切联系，人们将其合称之为理想信念。

理想信念是指基于客观规律的向往、追求、奋斗目标与观念、看法、精神状态的统一，是认识与实践的统一，是个人理想信念、社会理想信念与国家理想信念的统一，构成人的精神世界的核心。

中国共产党人的理想信念是实现共产主义和中国特色社会主义。党章明确指出："党的最高理想和最终目标是实现共产主义"，"树立中国特色社会主义共同理想"。理想信念就像漫漫黑夜中的"灯塔"，照亮了共产党人守初心担使命的方向和道路，为守初心担使命提供了强大动力，成为党员、干部安身立命的根本。习近平总书记指出："一个政党有了远大理想和崇高追求，就会坚强有力，无坚不摧，无往不胜，就能经受一次次挫折而又一次次奋起；一名干部有了坚定的理想信念，站位就高了，心胸就开阔了，就能坚持正确政治方向，做到'风雨不动安如山'。"[1]"坚持不忘初心、继续前进，就要牢记我们党从成立起就把为共产主义、社会主义而奋斗确定为自己的纲领，坚定共产主义远大理想和中国特色社会主义共同理想，不断把为崇高理想奋斗的伟大实践推向前进。"[2]

党的理想信念明确了党员、干部守初心担使命的方向。方向引领未来。党员、干部守初心担使命，最终将走向何方，这是守初心担使命的重大问

---

[1]《习近平在中央党校（国家行政学院）中青年干部培训班开班式上发表重要讲话强调 在常学常新中加强理论修养 在知行合一中主动担当作为》，《人民日报》2019年3月2日。
[2]《习近平在庆祝中国共产党成立95周年大会上的讲话》，《人民日报》2016年7月2日。

题。党的理想信念，明确了建设中国特色社会主义、实现共产主义的必然性和坚定性，明确了中国特色社会主义、共产主义是人民幸福、中华民族伟大复兴的集中体现，为党员、干部守初心担使命指明了方向、明确了归宿。这不仅照亮了党员、干部守初心担使命的前进道路，而且校正着每个党员、干部的行为，使其心往一处想、劲往一处使，减少摩擦和内耗，进而形成党员、干部守初心担使命的有效合力。

党的理想信念明确了党员、干部守初心担使命的道路。道路决定成败。走什么道路守初心担使命，这是守初心担使命必须解决好的重大课题。党的理想信念，明确了只有社会主义才能救中国、只有中国特色社会主义才能发展中国、只有共产主义才能实现人的全面自由发展，明确了中国特色社会主义道路是人民群众的"幸福路"，是伟大祖国的"富强路"，是中华民族的"复兴路"，明确了走中国特色社会主义道路、实现共产主义的历史必然性，为守初心担使命指明了道路、提供了根本规范。党员、干部要始终沿着在中国共产党领导下，立足基本国情，以经济建设为中心，坚持四项基本原则，坚持改革开放，解放和发展社会生产力，建设社会主义市场经济、社会主义民主政治、社会主义先进文化、社会主义和谐社会、社会主义生态文明，促进人的全面发展，逐步实现全体人民共同富裕，建设富强民主文明和谐美丽的社会主义现代化国家的路径，为中国人民谋幸福，为中华民族谋复兴。

党的理想信念提供了党员、干部守初心担使命的动力。动力关乎行动。怎样激励党员、干部守初心担使命，这是守初心担使命必须要思考的重大问题。党的理想信念，明确了中国特色社会主义和共产主义的现实目标和未来目标，明确了全党的集体情感和意志。为达到现实目标和未来目标，党员、干部守初心担使命，面临一些现实的问题，这些问题成为守初心担使命的压力，但压力最终将转化为守初心担使命的精神动力，正如习近平总书记所说："信仰、信念、信心，任何时候都至关重要。小到一个人、一个集体，大到一个政党、一个民族、一个国家，只要有信仰、信念、信心，就会愈挫愈奋、愈战愈勇，否则就会不战自败、不打自垮。无论过去、现在还是将来，对马克思主义的信仰，对中国特色社会主义的信念，对实现中华民族伟大复兴中国梦的信心，都是指引和支撑中国人民站起来、富起来、强起来的强大精神力量。"[1] 这是一种能够跨越物质障碍的力量，是克服前进道路上的障碍、守初心担使命的有力支撑。

二、深刻理解马克思主义，深刻把握历史规律

理想信念，打头的是"理"。"理"是根基、是基础，是在"理"基础上的想，是在"理"基础上的信，是在"理"基础上的念，也可以说，想的是"理"，信的是"理"，念的还是"理"。对共产党人来说，这个理想信念之"理"，就是马克思主义，就是马克思主义揭示的社会历史发展规律。

基础不牢，地动山摇。现实中，有的党员、干部理想信念不坚定，丧失理想信念，甚至不信马列信鬼神，问题也往往出在他们没有真正弄懂马克思主义，更没有真正把握社会历史发展客观规律。因此，习近平总书记指出："坚定的理想信念，必须建立在对马克思主义的深刻理解之上，建立在对历史规律的深刻把握之上。"[2]

坚定信仰马克思主义，是加强马克思主义理论修养、深刻理解马克思

---

[1] 习近平：《在庆祝改革开放40周年大会上的讲话》，《求是》2018年第24期。
[2] 《习近平在庆祝中国共产党成立95周年大会上的讲话》，《人民日报》2016年7月2日。

主义和深刻把握历史规律的前提。马克思主义是开放的科学理论体系，马克思主义具有与时俱进的理论品质，只要我们始终坚持马克思主义与新的实践和时代相结合，并用新的经验来丰富它、发展它，马克思主义就会永葆青春的魅力。各种马克思列宁主义"过时论"，不仅在逻辑上是矛盾的，不懂得"义"在中国有适宜的意思，而且在实践上也是完全错误的。邓小平说："不要惊慌失措，不要认为马克思主义就消失了，没用了，失败了。哪有这回事！""我坚信，世界上赞成马克思主义的人会多起来的，因为马克思主义是科学。它运用历史唯物主义揭示了人类社会发展的规律。"[1] 习近平总书记指出："在人类思想史上，就科学性、真理性、影响力、传播面而言，没有一种思想理论能达到马克思主义的高度，也没有一种学说能像马克思主义那样对世界产生了如此巨大的影响。这体现了马克思主义的巨大真理威力和强大生命力，表明马克思主义对人类认识世界、改造世界、推动社会进步仍然具有不可替代的作用。""时代在变化，社会在发展，但马克思主义基本原理依然是科学真理。"[2] 党员、干部要坚定对马克思主义的信仰，增强对马克思主义的情感，以奠定加强马克思主义理论修养、深刻理解马克思主义和深刻把握历史规律的基础。

深刻理解马克思主义，是加强马克思主义理论修养和深刻把握历史规律的要求，也是共产党人自我革命的迫切需要。习近平总书记指出："理论上清醒，政治上才能坚定。"[3] 我们党有 9000 多万名党员，但系统学习马克思主义的不多，系统读过《马克思恩格斯选集》的不多，真正深刻理解

---

[1]《邓小平文选》（第三卷），人民出版社 1993 年版，第 382、383 页。
[2]《习近平在中共中央政治局第四十三次集体学习时强调 深刻认识马克思主义时代意义和现实意义 继续推进马克思主义中国化时代化大众化》，《人民日报》2017 年 9 月 30 日。
[3]《习近平在庆祝中国共产党成立 95 周年大会上的讲话》，《人民日报》2016 年 7 月 2 日。

马克思主义的也不多,与新时代的要求还不完全适应。这就要求我们认真学习马克思主义,从实际出发,结合自己思想、工作实际,读一读马克思主义的经典著作,比如《马克思恩格斯全集》《马克思恩格斯选集》《共产党宣言》《哥达纲领批判》《社会主义从空想到科学的发展》等,特别是认真学习马克思主义关于理想信念以及中国革命、人民、民族、人类等的经典论述,搞清楚什么是马克思主义、什么是非马克思主义、什么是反马克思主义,划清马克思主义与这些思潮的界限,深刻理解马克思主义的科学性、人民性,深刻理解马克思主义的立场、观点、方法,深刻理解马克思主义在当代中国的继承与创新,不断提高运用马克思主义分析和解决实际问题以及应对重大挑战、抵御重大风险、克服重大阻力、解决重大矛盾的能力。

深刻把握历史规律,是加强马克思主义理论修养、深刻理解马克思主义的关键。提升马克思主义的理论修养,关键是对历史规律的深刻理解。这就要求党员、干部重点把握马克思主义揭示的人类社会的生产力与生产关系、经济基础与上层建筑的矛盾运动规律,资本主义社会生产的社会化与生产资料私人占用的矛盾运动规律,无产阶级与资产阶级的矛盾运动规律;重点把握中国化的马克思主义揭示的中国从半殖民地半封建社会经历新民主主义社会走向社会主义社会的必然性,以及中国特色社会主义建设规律、共产党执政规律。真正懂得人类社会必然从原始社会,经奴隶社会、封建社会、资本主义社会,发展到社会主义、共产主义社会,私有制的资本主义社会必然被公有制的社会主义社会所代替,资产阶级专政必然被无产阶级专政所代替,进而坚定共产党人的理想信念,保持共产党人的初心,肩负共产党人的使命,自觉地建设中国特色社会主义,推动构建人类命运共同体。

三、关键看是否对党忠诚

忠诚，即真心实在、诚心竭力、无私尽责，是中华民族的传统美德。

对党忠诚，是党的团结统一和党的事业健康发展的需要，是我们党的一贯主张。面对社会主义建设时期的人民内部矛盾，毛泽东指出："共产党有强大的力量和很高的威信。在我们的工作中尽管有缺点，有错误，但是每一个公正的人都可以看到，我们对人民是忠诚的，我们有决心有能力同人民在一起把祖国建设好，我们已经得到巨大的成就，并且将继续得到更巨大的成就。"[1] 总结党内生活的经验，邓小平指出："党员必须对党忠诚老实，不隐瞒和歪曲事实真相。这对于党的生活有重大的原则意义。"[2] 针对党内存在的种种严重脱离群众的现象，江泽民指出："保证党和国家的各级领导权由忠诚于马克思主义的人来掌握，是一个至为重要的战略问题，直接关系到党和国家的盛衰兴亡。"[3] 总结中国革命建设改革的经验教训，胡锦涛指出："我们党之所以能够成为带领人民团结奋斗的坚强领导核心……是通过广大党员以对人民的无限忠诚和自我牺牲精神，不断为人民利益英勇奋斗赢得的。"[4] 在新时代，针对有的党员、干部对党不忠的问题，习近平总书记指出："领导干部要把深入改进作风与加强党性修养结合起来，自觉讲诚信、懂规矩、守纪律，襟怀坦白、言行一致、心存敬畏、手握戒尺，对党忠诚老实，对群众忠诚老实，做到台上台下一种表现，任何时候、任

---

[1] 中共中央文献研究室编：《毛泽东著作专题摘编》（下），中央文献出版社2003年版，第1863页。

[2] 《邓小平文选》（第一卷），人民出版社1994年版，第244页。

[3] 江泽民：《论党的建设》，中央文献出版社2001年版，第16页。

[4] 《胡锦涛文选》（第三卷），人民出版社2016年版，第11页。

何情况下都不越界、越轨。"[1]这些是对党忠诚的思想认识基础。

对党忠诚是党章党规的明确要求。建党初期，党章就明确了对党忠诚的要求，党的二大到四大的党章规定，党员必须"忠实为本党服务"。从党的八大开始，党章一直把"对党忠诚老实"作为党员必须履行的义务。1982年党的十二大第一次把入党誓词写进了党章，入党誓词中就包含着"对党忠诚"的要求，这意味着党员入党时就要作出"对党忠诚"的庄严宣誓和承诺。《关于新形势下党内政治生活的若干准则》明确："党的各级组织和全体党员必须对党忠诚老实、光明磊落，说老实话、办老实事、做老实人，如实向党反映和报告情况，反对搞两面派、做'两面人'，反对弄虚作假、虚报浮夸，反对隐瞒实情、报喜不报忧。"这些是对党忠诚的制度基础。

对党忠诚是检验党员、干部理想信念、初心使命的试金石。我们党是有理想信念的党，是有初心使命的党。没有对党忠诚，就谈不上有坚定的理想信念，就谈不上守初心担使命。因此，习近平总书记指出："衡量干部是否有理想信念，关键看是否对党忠诚。""对党忠诚，就要增强'四个意识'、坚定'四个自信'、做到'两个维护'，严守党的政治纪律和政治规矩，始终在政治立场、政治方向、政治原则、政治道路上同党中央保持高度一致。这种一致必须是发自内心、坚定不移的，任何时候任何情况下都要站得稳、靠得住。"[2]这不仅指明了理想信念与对党忠诚的关系，而且明确

---

[1] 《习近平：深入实施创新驱动发展战略 为振兴老工业基地增添原动力》，人民网2013年9月2日。

[2] 《习近平在中央党校（国家行政学院）中青年干部培训班开班式上发表重要讲话强调 在常学常新中加强理论修养 在知行合一中主动担当作为》，《人民日报》2019年3月2日。

了对党忠诚的基本要求。

要增强"四个意识",即政治意识、大局意识、核心意识、看齐意识。这是对党忠诚的首要要求。这就要求党员、干部,提高政治站位,坚持党中央的集中统一领导,坚定执行党的政治路线,对党忠诚、为党分忧、为党担责、为党尽责,在党爱党、在党言党、在党忧党、在党为党,以党的旗帜为旗帜、以党的意志为意志、以党的使命为使命,向党中央看齐,向党的理论和路线方针政策看齐,向党中央决策部署看齐,做到党中央提倡的坚决响应、党中央决定的坚决执行、党中央禁止的坚决不做,严守党的政治纪律和政治规矩,严格执行重大问题请示报告制度,自觉防止和反对个人主义、分散主义、自由主义、本位主义,自觉在思想上政治上行动上同党中央保持高度一致。

要坚定"四个自信",即中国特色社会主义道路自信、理论自信、制度自信、文化自信。这是忠诚党的事业的要求。中国特色社会主义道路,是在中国共产党领导下,立足基本国情,以经济建设为中心,坚持四项基本原则,坚持改革开放,解放和发展社会生产力,建设社会主义市场经济、社会主义民主政治、社会主义先进文化、社会主义和谐社会、社会主义生态文明,促进人的全面发展,逐步实现全体人民共同富裕,建设富强民主文明和谐美丽的社会主义现代化国家。中国特色社会主义理论,是包括邓小平理论、"三个代表"重要思想、科学发展观、习近平新时代中国特色社会主义思想等在内的科学理论体系。中国特色社会主义制度,是人民代表大会制度这一根本政治制度,中国共产党领导的多党合作和政治协商制度、民族区域自治制度以及基层群众自治制度等基本政治制度,中国特色社会主义法律体系,公有制为主体、多种所有制经济共同发展的基本经济制度,以及建立在这些制度基础上的经济体制、政治体制、文化体制、社会体制等各项具体制度。中国特色社会主义文化，是以马克思主义为指导，坚持为人民服务、为社会主义服务的方向，坚持百花齐放、百家争鸣的方针，坚持贴近实际、贴近生活、贴近群众的原则，以培育有理想、有道德、有文化、有纪律的公民为目标，建设面向现代化、面向世界、面向未来的，民族的、科学的、大众的社会主义文化。中国特色社会主义道路自信、理论自信、制度自信、文化自信，源于实践、源于人民、源于科学，坚定"四个自信"，就是坚信实践、坚信人民、坚信科学。自信产生力量。坚定"四个自信"，从根本上来说，就是忠诚党的事业，坚定不移地为中国特色社会主义而奋斗。

要做到"两个维护"，即坚决维护习近平总书记党中央的核心、全党的核心地位，坚决维护党中央权威和集中统一领导。这是对党忠诚、增强"四个意识"的要义。事在四方，要在中央。实践证明，没有核心的领导是靠不住的。推动党的事业健康发展，必须做到"两个维护"。这就要求党员、干部，要从历史和现实、理论和实践、国内和国际的结合上深刻认识"两个维护"的重要性、紧迫性，增强拥护核心、跟随核心、捍卫核心的自觉性，做到"两个维护"。要坚持民主集中制原则，自觉做到个人服从组织、少数服从多数、下级服从上级、全党服从中央，始终同以习近平同志为核心的党中央保持高度一致。要严格遵循党章，不断完善保障"两个维护"的制度机制，严格执行《关于新形势下党内政治生活的若干准则》《中国共产党重大事项请示报告条例》《中共中央政治局关于加强和维护党中央集中统一领导的若干规定》等党内法规，加强对贯彻执行党的路线方针政策和决议的巡视和督促检查，坚决防止和纠正一切偏离"两个维护"的错误言行，确保把"两个维护"落到实处。

四、做理想信念的坚定信仰者、忠实实践者

共产主义是人类对未来美好社会的向往和追求。1516年，英国的托马斯·莫尔发表《关于最完美的国家制度和乌托邦新岛的既有益又有趣的金书》，提出了一个实行生产资料公有、一夫一妻制、宗教信仰自由的美好社会愿望。19世纪前半叶，法国的埃蒂耶纳·卡贝提出了实行生产资料公有制、计划经济、按需分配的"伊加利亚"式共产主义社会理想，并号召人们到"伊加利亚"去，在美国德克萨斯州建立了共产主义移民区。法国的迪奥多·德萨米提出了建立一个公有制、人人劳动、平均分配、政治议会的"共产主义大家庭"的社会理想等。但是，这些社会理想没有认识资本主义社会的本质和规律，也没有发现实现共产主义的社会力量，因而最终都陷入了空想。

党的最高理想和最终目标是共产主义，这个共产主义是马克思主义的科学共产主义。马克思恩格斯在发现唯物史观、剩余价值学说和无产阶级历史使命，批评地继承空想社会主义和空想共产主义思想优秀成果的基础上，立足社会现实和社会规律，提出了科学的共产主义理想。其基本预测是：一是实行生产资料公有制。资本主义社会生产资料私有制与社会化大生产之间的矛盾，将最终由生产资料公有制取代私有制。马克思恩格斯指出："共产党人可以把自己的理论概括为一句话：消灭私有制。"[1] 二是实行产品计划经济。商品经济是人类社会发展到一定阶段的产物，是在生产资料私有制和社会分工条件下产生的，在未来社会，一旦社会占有了生产资料，商品市场就将被消除，而产品对生产者的统治也将随之消除。社会生产内部的无政府状态将为有计划的自觉的组织所代替。三是共产主义社会

---

[1]《马克思恩格斯选集》(第一卷)，人民出版社1995年版，第286页。

经历两大阶段。在共产主义第一阶段，生产力水平不高，在经济、道德和精神方面还带有旧社会的痕迹，实行按劳分配。在共产主义高级阶段，旧的分工已经消失，体力劳动与脑力劳动的差别也随之消失，劳动成为生活的第一需要，生产力高度发达，集体财富充分涌流，社会在自己的旗子上写上：各尽所能，按需分配。四是人民当家作主。无产阶级与资产阶级的阶级斗争，使无产阶级上升为统治阶级，争得民主，实行无产阶级专政。这个专政不过是达到消灭一切阶级和进入无阶级社会的过渡。无产阶级专政的国家，通过人民自己实现的人民管理制，让人民当家作主。为防止社会公仆变成社会主人，应实行普选制、监督制、低薪制和民主集中制。五是人的全面自由发展。未来社会是一个自由人联合体。马克思恩格斯指出："代替那存在着阶级和阶级对立的资产阶级旧社会的，将是这样一个联合体，在那里，每个人的自由发展是一切人的自由发展的条件。"[1]实现"每个人的全面而自由的发展"。所谓全面发展，主要是德智体的全面培育，各尽所能，聪明才智得到充分发挥。所谓自由发展，主要是实现了劳动上、经济上、政治上、思想上的彻底解放，个性得到解放，成为"自由个性"。

中国特色社会主义是马克思主义理论与中国实际和时代特征相结合的产物，是中国走向共产主义的必然选择。邓小平指出："把马克思主义的普遍真理同我国的具体实际结合起来，走自己的道路，建设有中国特色的社会主义，这就是我们总结长期历史经验得出的基本结论。"[2]习近平总书记指出："中国特色社会主义，承载着几代中国共产党人的理想和探索，寄托着无数仁人志士的夙愿和期盼，凝聚着亿万人民的奋斗和牺牲，是近代以

---

[1]《马克思恩格斯选集》（第一卷），人民出版社1995年版，第294页。
[2]《邓小平文选》（第三卷），人民出版社1993年版，第3页。

来中国社会发展的必然选择,是发展中国、稳定中国的必由之路。"[1]

共产主义是共产党人的最高理想,中国特色社会主义是共产党人的共同理想,二者既相互区别又紧密联系,共同构成了共产党人的理想追求。

要做共产主义的坚定信仰者、忠实实践者。这就要求共产党人坚信马克思主义"老祖宗",深刻把握社会发展规律,并顺应人类历史发展的潮流,统筹国内国际两个大局,始终不渝走和平发展道路、奉行互利共赢的开放战略,坚持开放合作、维护多边贸易体制,加强宏观政策协调、坚持创新引领、挖掘经济增长动力,坚持普惠共赢、促进全球包容发展,推动构建人类命运共同体,做世界和平的建设者、全球发展的贡献者、国际秩序的维护者,为共产主义事业奋斗终身。

共产党人为共产主义远大理想而奋斗,关键是为中国特色社会主义共同理想而奋斗,做中国特色社会主义共同理想的坚定信仰者、忠实实践者。为此,要做到以下几点。

一是熟知中国特色社会主义的来龙去脉。中国特色社会主义是中国共产党人的不懈追求。以毛泽东同志为核心的党的第一代中央领导集体,创立毛泽东思想,成功地开辟具有中国特色的新民主主义革命道路和社会主义改造道路,建立了新中国和社会主义制度,探索社会主义建设道路,奠定了中国特色社会主义的基础。以邓小平同志为核心的党的第二代中央领导集体,创立邓小平理论,吹响走自己的路、建设中国特色社会主义的时代号角,开辟中国特色社会主义道路。以江泽民同志为核心的党的第三代中央领导集体,创立"三个代表"重要思想,把中国特色社会主义成功地推向21世纪。以胡锦涛同志为总书记的党中央,创立科学发展观,在全

---

[1]《紧紧围绕坚持和发展中国特色社会主义 学习宣传贯彻党的十八大精神——在十八届中共中央政治局第一次集体学习时的讲话》,新华网 2012 年 11 月 19 日。

面建设小康社会的道路上，坚持和发展了中国特色社会主义。党的十八大以来，以习近平同志为核心的党中央，提出实现中华民族伟大复兴的中国梦、新发展理念、统筹推进"五位一体"总体布局、协调推进"四个全面"战略布局等一系列重要思想，坚持和丰富了中国特色社会主义。中国特色社会主义凝聚着几代共产党人的探索、心血、牺牲和智慧，体现着中国社会发展进步的历史必然性和客观规律，具有无比的神圣性。坚持中国特色社会主义共同理想，就是走历史必由之路，尊重中国社会发展的客观规律。

二是懂得中国特色社会主义的性质。中国特色社会主义坚持了科学社会主义的基本原则，如公有制、按劳分配、共产党的领导等基本原则，又根据时代条件赋予其鲜明的中国特色，以全新的视野深化了对共产党执政规律、社会主义建设规律、人类社会发展规律的认识，在理论和实践相结合基础上，系统回答了在中国这样人口多、底子薄的东方大国建设什么样的社会主义、怎样建设社会主义这个根本问题。中国特色社会主义，坚持马克思主义，坚持共产党的领导，坚持公有制为主体，坚持人民民主专政，是立足于中国实际的科学社会主义，决不是什么"中国特色资本主义"。正如习近平总书记所说："中国特色社会主义，是科学社会主义理论逻辑和中国社会发展历史逻辑的辩证统一，是根植于中国大地、反映中国人民意愿、适应中国和时代发展进步要求的科学社会主义。"[1] 坚持中国特色社会主义共同理想，就是坚持科学社会主义，与坚持共产主义理想一脉相承。

三是坚定中国特色社会主义"四个自信"。"四个自信"即中国特色社会主义道路自信、理论自信、制度自信、文化自信。自信产生力量。新时

---

[1] 习近平：《关于坚持和发展中国特色社会主义的几个问题》，《求是》2019年第7期。

代坚定中国特色社会主义共同理想，必须坚持"四个自信"，充满信心地为中国特色社会主义伟大事业而奋斗。

四是坚持中国特色社会主义的基本方略。这就是要将坚持党的基本理论、基本路线与基本方略贯通起来，坚持党对一切工作的领导，坚持以人民为中心，坚持全面深化改革，坚持新发展理念，坚持人民当家作主，坚持全面依法治国，坚持社会主义核心价值体系，坚持在发展中保障和改善民生，坚持人与自然和谐共生，坚持总体国家安全观，坚持党对人民军队的绝对领导，坚持"一国两制"和推进祖国统一，坚持推动构建人类命运共同体，坚持全面从严治党，全面推进中国特色社会主义建设。

五是担当新时代中国共产党的历史使命。在新时代，坚持共产主义远大理想和中国特色社会主义共同理想，赋予了共产党人神圣的历史使命，这就是实现中华民族伟大复兴。实现中华民族伟大复兴是建设中国特色社会主义、实现共产主义的现实任务。习近平总书记指出："我们比历史上任何时期都更接近、更有信心和能力实现中华民族伟大复兴的目标。行百里者半九十。中华民族伟大复兴，绝不是轻轻松松、敲锣打鼓就能实现的。全党必须准备付出更为艰巨、更为艰苦的努力。"[1] 这就要求党员、干部，保持政治定力，坚定不移贯彻新发展理念，继续统筹推进"五位一体"总体布局，协调推进"四个全面"战略布局，统揽伟大斗争、伟大工程、伟大事业、伟大梦想，开启全面建设社会主义现代化国家新征程，实现中华民族伟大复兴的中国梦，建设更高水平的中国特色社会主义，向着共产主义远大理想不断前进。

---

[1] 习近平：《决胜全面建成小康社会 夺取新时代中国特色社会主义伟大胜利——在中国共产党第十九次全国代表大会上的报告》，《求是》2017年第21期。

第三章

在党性修养中守初心担使命

中国共产党的党性,是中国共产党内在的固有的质的规定性,是共产党人初心使命的源头、根基和决定因素。共产党人的初心使命,从根本上来说,是党心、党的使命,是党性的表现形式。要修好党的建设的永恒课题和党员、干部的终身课题,就要加强党性锻炼和修养,用党性强化初心使命,用党的宗旨引领初心使命,使守初心担使命在党性的基础上坚定起来、践行起来。

一、加强党性修养，践行初心使命

中国共产党人的初心和使命，就是为中国人民谋幸福，为中华民族谋复兴。党的初心使命是我们党的性质、宗旨、纲领的集中体现，是新时期党性的核心要素，是党员、干部立身、立业、立言、立德的基石。全面加强共产党人的党性修养，是新时代全面从严治党、加强党的建设的题中之义。

加强党性修养，要坚持以人民为中心。党的十八大以来，习近平总书记反复强调"不忘初心"的问题，就是让我们永远保持对人民的赤子之心，永远保持建党时中国共产党人的奋斗精神。《中国共产党章程》规定："中国共产党是中国工人阶级的先锋队，同时是中国人民和中华民族的先锋队""代表中国最广大人民的根本利益"。由此可见，中国共产党最高度的党性就是最大限度的人民性。党性和人民性从来都是一致的、统一的。人民性的问题归根到底是一个为了谁、依靠谁的问题，是一个根本政治立场问题。中国共产党自始至终是一个为人民谋利益、谋幸福的政党，为人民服务始终是中国共产党人的根本宗旨，可以说人民性是中国共产党的灵魂。党员和人民群众血浓于水，有着经得起历史和风雨检验的感情。党的力量来自人民，党的发展依靠人民。因此党员、干部一定要坚持"人民至上"，要将人民群众对美好生活的追求当作自身奋斗的目标，不断通过努力去提升人民群众的获得感和幸福感。

加强党性修养，要坚定理想信念。"坚定理想信念，坚守共产党人精神追求，始终是共产党人安身立命的根本。对马克思主义的信仰，对社会主义和共产主义的信念，是共产党人的政治灵魂，是共产党人经受住任何考验的精神支柱。"[1] 只有理想信念坚定，心中有党、对党忠诚才有牢固的思想基础。理想信念动摇了，那是不可能心中有党的。习近平总书记指出："大家要把学习掌握马克思主义理论作为看家本领，深入学习马克思列宁主义、毛泽东思想，深入学习邓小平理论、'三个代表'重要思想、科学发展观，深入学习十八大以来党的理论创新成果，不断领悟，不断参透，做到学有所得、思有所悟，注重解决好世界观、人生观、价值观这个'总开关'问题，真正做到对马克思主义虔诚而执着、至信而深厚。"[2]

加强党性修养，要提升能力本领。中国共产党人是有职责使命的，因此就需要不断提升自己的能力本领，入党并不是终点，更不是目的，而是人生新的起点，是找准了奋斗的方向。现在，我们面临着世界百年未有之大变局，在经济以国内大循环为主，国际国内双循环相互促进的大背景下，提升本领显得更为迫切，这是全面建设社会主义现代化国家的要求，更是实现中华民族伟大复兴的要求。"空谈误国，实干兴邦"，党员、干部只有不断锤炼自身本领，敢于迎接未知的挑战，才能做出一番经得起历史和人民检验的合格政绩。

中国共产党的党性，是中国共产党内在的固有的质的规定性。中国共产党是马克思主义与中国工人运动相结合的产物。党章阐述了中国共产党党性的基本内涵："中国共产党是中国工人阶级的先锋队，同时是中国人民和中华民族的先锋队，是中国特色社会主义事业的领导核心，代表中国先进生产力的发展要求，代表中国先进文化的前进方向，代表中国最广大人民的根本利益。"

中国共产党的党性，是中国共产党人初心使命的源泉，是中国共产党

---

[1] 《习近平谈治国理政》（第一卷），外文出版社2018年版，第15页。
[2] 《习近平谈治国理政》（第二卷），外文出版社2017年版，第142页。

人初心使命的根基，是中国共产党人初心使命产生变化的根本原因，是中国共产党人守初心担使命的"定海神针"。

中国共产党的党性，决定着共产党人初心使命的产生。如从党的基因来看，马克思主义是无产阶级和人民群众认识世界、改造世界的科学的世界观与方法论，指明了无产阶级和人民群众解放的道路，服务的是无产阶级和人民群众。无产阶级，与社会化大生产相联系，具有组织性、纪律性、无私性、进步性，其利益与其他劳动人民的利益在根本上是一致的，其解放的道路与生产力和人类社会发展的道路相一致。这两大因素决定，真正的共产党人的初心使命，必然是为无产阶级和人民群众服务，为人类社会发展进步服务。对当下的中国共产党人来说，就是为中国人民谋幸福、为中华民族谋复兴。

中国共产党的党性，是共产党人初心使命的内容，初心使命是党性的表现形式。从党性的基本内容来看，中国共产党是中国人民和中华民族的先锋队，代表中国先进生产力的发展要求和中国先进文化的前进方向，代表中国最广大人民的根本利益。这种先进性和代表性，表现在人民和民族方面，就是为中国人民谋幸福、为中华民族谋复兴。

中国共产党的党性，决定着共产党人初心使命的发展变化。马克思主义是与时俱进的，毛泽东思想、邓小平理论、"三个代表"重要思想、科学发展观、习近平新时代中国特色社会主义思想，就是马克思主义在中国不断发展的新内容；无产阶级的队伍也是发展变化的，其数量在增加、素质在提高；党的群众基础在扩大；先进生产力有了新要求、新任务，先进文化有了新内容，广大人民的根本利益有了新内容。这些决定了共产党人的初心使命也会有具体的不同的新内容。当前，为中国人民谋幸福、为中华民族谋复兴，主要是在全面建成小康社会的基础上开启全面建设社会主义现代化国家新征程。

一个政党由于在不同历史时期的具体目标、面临的形势任务等随着时代的变化而变化，其对党员党性的要求也就会不断提高。"为中国人民谋幸福、为中华民族谋复兴"，就是新时代对共产党员党性的根本要求，是党在新时期的奋斗目标和价值追求，这个初心和使命也是激励中国共产党人不断前进的根本动力。每位共产党员都要守初心担使命，把实现"两个一百年"奋斗目标、实现中华民族伟大复兴的中国梦作为自己的理想信念和价值追求，并为之不懈奋斗。

二、坚持党的性质

党性是共产党的根本性问题，是共产党人初心使命的根基。初心使命是党性的表现形式。党员、干部守初心担使命，必须坚持党的性质。

要坚持马克思主义。马克思主义是党性之魂，也是共产党人初心使命之魂。要坚持马克思主义指导地位，并坚持马克思主义与中国实际相结合，推进马克思主义中国化，使马克思主义在指导中国实践的过程中，不断得到丰富和发展，永葆马克思主义的生机和活力，永葆党在理论上的先进性；要认真学习马克思主义，特别是认真学习习近平新时代中国特色社会主义思想，把握其科学的世界观方法论，坚持用马克思主义最新成果武装头脑，用马克思主义引领党员、干部守初心担使命，永葆共产党人的先进性。

要坚持"三个先锋队"，即坚持中国工人阶级的先锋队、中国人民的先锋队和中华民族的先锋队。这是党性的阶级基础、群众基础和社会基础。要坚持党的中国工人阶级先锋队性质，维护中国工人阶级的领导地位，代表和实现中国工人阶级的利益，并用中国工人阶级的组织性、纪律性、无私性等先进性不断升华党的性质，强化党员、干部的初心使命。要坚持党的中国人民的先锋队性质，代表好、维护好、实现好人民群众的根本利益，强化党员、干部为人民谋幸福的初心使命。要坚持党的中华民族的先锋队性质，努力实现中华民族的根本利益，强化党员、干部为中华民族谋复兴的初心使命。

要坚持党在中国特色社会主义事业中的领导核心地位。这是党性的核心，也是党员、干部守初心担使命的保证。这就要求我们党适应中国特色社会主义事业发展的需要，进行自我革命，推进社会革命，在领导中国特色社会主义事业的伟大实践中，锻炼和增强党性，确保领导核心地位。党员、干部要心中有党，用党心引领守初心担使命，增强"四个意识"，坚定"四个自信"，做到"两个维护"，维护党的领导核心地位。

三、践行党的宗旨

党的宗旨，是党的一切活动的根本目的和意图，是党全部政策的出发点和归宿，也是党组织和每个党员一切言论和行动所遵循的准则。

中国共产党的宗旨，是全心全意为人民服务。党章明确规定："坚持全心全意为人民服务""中国共产党党员必须全心全意为人民服务，不惜牺牲个人的一切，为实现共产主义奋斗终身。中国共产党党员永远是劳动人民的普通一员。除了法律和政策规定范围内的个人利益和工作职权以外，所有共产党员都不得谋求任何私利和特权"。

全心全意为人民服务，源于毛泽东在张思德追悼会上的讲话。1944年9月8日，他在中央警备团为张思德举行的追悼会上讲："为人民利益而死，就比泰山还重；替法西斯卖力，替剥削人民和压迫人民的人去死，就比鸿毛还轻。张思德同志是为人民利益而死的,他的死是比泰山还要重的。"[1]

全心全意为人民服务,就是"一刻也不脱离群众;一切从人民的利益出发,而不是从个人或小集团的利益出发;向人民负责和向党的领导机关负责的一致性",就是"共产党人的一切言论行动,必须以合乎最广大人民群众的最大利益,为最广大人民群众所拥护为最高标准"。

全心全意为人民服务反映着共产党人的世界观、人生观、价值观,传承着中华民族优秀传统文化的基因,传承着中国共产党的红色基因,是共产党人的一贯追求。

全心全意为人民服务的宗旨,是党性的集中体现,是共产党人党性和初心使命的核心。在党性修养中守初心担使命,必须践行全心全意为人民服务的宗旨,涵养共产党人的全心全意为人民服务之心。

践行全心全意为人民服务的宗旨,要求在于全心全意。毛泽东指出:"不要半心半意或者三分之二的心三分之二的意为人民服务。"[2]这就要求共产党人,一要坚持立党为公、执政为民。真正做到权为民所用、情为民所系、利为民所谋,把人民拥护不拥护、赞成不赞成、高兴不高兴、答应不答应作为制定各项方针政策的出发点和落脚点,决定涉及群众利益的重大政策和工作目标任务时充分考虑不同群众的利益和承受能力,有利于群众的事情就干,不利于群众的事情就不干,绝不干劳民伤财、违反群众意愿的事。正确处理最广大人民根本利益、现阶段群众共同利益、不同群体特殊利益的关系,兼顾好各方面群众关切,认真解决群众反映强烈的突出问题,坚决纠正损害群众利益的行为,办好顺民意、解民忧、惠民生的实事。

---

[1] 《毛泽东选集》(第三卷),人民出版社1991年版,第1004页。

[2] 中共中央文献研究室编:《毛泽东著作专题摘编》(下),中央文献出版社2003年版,第1884页。

二要坚持以人民为中心、人民至上、生命至上，把实现好、维护好、发展好最广大人民的根本利益作为党和国家一切工作的出发点和落脚点。尊重人民主体地位，发挥人民首创精神，保障人民各项权益，走共同富裕道路，促进人的全面发展，做到发展为了人民、发展依靠人民、发展成果由人民共享。

践行全心全意为人民服务的宗旨，核心在于为人民服务。从当前来看，主要是不忘初心、牢记使命，坚持以人民为中心的发展思想，以人民对美好生活的向往为目标，高举中国特色社会主义伟大旗帜，在夺取新时代中国特色社会主义伟大胜利、实现中华民族伟大复兴中国梦的历史进程中诚心诚意为群众服务，努力实现人民群众有更好的教育、更稳定的工作、更满意的收入、更可靠的社会保障、更高水平的医疗卫生服务、更舒适的居住条件、更优美的环境、更丰富的精神文化生活八大期盼，把自己的一切无私地献给人民，像王进喜所说的那样："为党、为人民艰苦奋斗一辈子，当一辈子老黄牛。"

践行全心全意为人民服务的宗旨，在时间维度上，就是把有限的生命投入到无限的为人民服务之中。习近平总书记指出："每个人的工作时间是有限的，但全心全意为人民服务是无限的。责任重于泰山，事业任重道远。我们一定要始终与人民心心相印、与人民同甘共苦、与人民团结奋斗，夙夜在公，勤勉工作，努力向历史、向人民交出一份合格的答卷。"[1] 这就是时间有限、服务无限。

践行全心全意为人民服务的宗旨要坚持党的群众路线。群众路线是党

---

[1]《习近平：人民对美好生活的向往就是我们的奋斗目标》，人民网 2012 年 11 月 16 日。

的根本工作路线，是为人民服务的根本方法。习近平总书记指出："历史是人民书写的，一切成就归功于人民。只要我们深深扎根人民、紧紧依靠人民，就可以获得无穷的力量，风雨无阻，奋勇向前。"[1] 要坚持一切为了群众，一切依靠群众，从群众中来，到群众中去，集中人民群众的智慧和力量，服务好人民群众。

---

[1]《习近平：一切成就归功于人民》，新华网 2017 年 10 月 25 日。

第四章

在政治体检中守初心担使命

共产党人的初心使命,具有政治性,是政治初心,是政治使命。政治熔铸于共产党人的初心使命之中,也给党员、干部守初心担使命提供了强大动力。要修好党的建设的永恒课题和党员、干部的终身课题,必须把讲政治摆在首位,开展经常性政治体检,站稳党的政治立场,把准党的政治方向,坚持党的政治原则,坚定不移地走中国特色社会主义政治道路,坚持在政治统领下守初心担使命。

一、政治是守初心担使命的统领

政治具有丰富的内涵，对我们来说，包括党的领导、政治方向、政治立场、政治原则、政治道路、执政根基、政治生态、政治风险、政治本色、政治能力等多方面的内容。

旗帜鲜明讲政治是马克思主义政党的根本要求，是我们党的优良传统。在革命和建设时期，毛泽东同志指出："我们共产党人从来不隐瞒自己的政治主张。我们的将来纲领或最高纲领，是要将中国推进到社会主义社会和共产主义社会去的，这是确定的和毫无疑义的。"[1] 在改革开放新时期，邓小平同志指出："在经济问题上，我是个外行，也讲了一些话，都是从政治角度讲的。""一个目标，就是要有一个安定的政治环境。不安定，政治动乱，就不可能从事社会主义建设，一切都谈不上。治理国家，这是一个大道理，要管许多小道理。那些小道理或许有道理，但是没有这个大道理就不行。""改革，现代化科学技术，加上我们讲政治，威力就大多了。"[2] 江泽民同志指出："各级干部特别是领导干部要讲学习、讲政治、讲正气。这'三讲'中，学习是基础，政治是关键。学习好了，政治上强了，正气也就伸张起来了。"[3] 胡锦涛同志指出："一切为了人民，一切依靠人民，是马克思主义政党最鲜明的政治立场。"[4] 在新时代，习近平总书记提出了政治

---

[1] 中共中央文献研究室编：《毛泽东著作专题摘编》（下），中央文献出版社2003年版，第1894页。

[2] 《邓小平文选》（第三卷），人民出版社1993年版，第77、124、166页。

[3] 《江泽民文选》（第三卷），人民出版社2006年版，第13页。

[4] 胡锦涛：《在学习〈江泽民文选〉报告会上的讲话》，中国政府网2006年8月15日。

方向是党生存发展第一位的问题、把党的政治建设摆在首位、增强政治定力等一系列观点，把政治问题提升到了新高度。

民心是最大的政治。中国共产党人是忘我的人，没有个人的私心。中国共产党人的初心，是为人民、为民族之心，关系到人心向背，关系到党的群众基础，关系到党的性质和宗旨，关系到党的领导，关系到党的执政地位，是最大的政治问题。

使命是政治任务。中国共产党人是没有私利的人。中国共产党人肩负的使命，是为人民、为民族的使命，关系到人民幸福，关系到民族复兴，关系到党执政的现实基础，是中国共产党人的政治任务。

政治是一种强大的力量。旗帜鲜明讲政治，用政治统领守初心担使命，从政治的角度认识守初心担使命，用政治的方法推进守初心担使命，用政治的标准检验守初心担使命，就为守初心担使命提供了一种政治动力。在这个意义上，切实加强党的政治建设，就为守初心担使命注入了一针"强心剂"，提供了统领力。

加强党的政治建设，是一项复杂的系统工程。严格落实《中共中央关于加强党的政治建设的意见》，加强党的政治建设的总体要求是高举中国特色社会主义伟大旗帜，全面贯彻党的十九大精神，坚持以马克思列宁主义、毛泽东思想、邓小平理论、"三个代表"重要思想、科学发展观、习近平新时代中国特色社会主义思想为指导，坚持党的基本理论、基本路线、基本方略，落实新时代党的建设总要求，增强"四个意识"，坚定"四个自信"，做到"两个维护"，把准政治方向，坚持党的政治领导，夯实政治根基，涵养政治生态，防范政治风险，永葆政治本色，提高政治能力，把我们党建设得更加坚强有力，确保我们党始终成为中国特色社会主义事业的坚强领导核心，为实现"两个一百年"奋斗目标和中华民族伟大复兴的中国梦提供坚强政治保证。目的是坚定政治信仰，强化政治领导，提高政治能力，净化政治生态，实现全党团结统一、行动一致。贯彻落实这个意见，推进党的政治建设，将为党员、干部守初心担使命提供总的统领力。

政治信仰提供守初心担使命的引领力。信仰是一种力量。中国共产党的政治信仰是马克思列宁主义、毛泽东思想、邓小平理论、"三个代表"重要思想、科学发展观、习近平新时代中国特色社会主义思想。这个信仰，明确了人民幸福和中华民族伟大复兴的方向、道路与规律，是守初心担使命科学的世界观和方法论，是守初心担使命的引领者。加强党的政治建设，坚持马克思主义指导地位，坚持用习近平新时代中国特色社会主义思想武装全党、教育人民，坚定执行党的政治路线，坚决站稳政治立场，坚持用共产党人的政治信仰引领守初心担使命，就能够引领守初心担使命始终沿着正确的航向前进，增强守初心担使命的引领力。

政治领导提供守初心担使命的保证力。党的领导是中国特色社会主义最本质的特征，是中国特色社会主义制度的最大优势，共产党人始终坚持在党的领导下守初心担使命。坚持和加强党的领导，加强党的政治建设，推进全面从严治党，坚决做到"两个维护"，完善党的领导体制，改进党的领导方式，发挥党组织的战斗堡垒作用和党员的先锋模范作用，就可以为守初心担使命提供保证力。

政治能力提供守初心担使命的提升力。共产党人守初心担使命是政治问题。政治能力，包括领导守初心担使命的本领和水平。加强党的政治建设，提高各级各类组织和党员、干部的政治能力，增强党组织政治功能，彰显国家机关政治属性，发挥群团组织政治作用，强化国有企事业单位政治导向，可以不断提高党员、干部的政治本领特别是提高领导守初心担使命的本领。

政治生态提供守初心担使命的净化力。环境造人，政治生态育心。良好的政治生态，是共产党人守初心担使命的净化者。加强党的政治建设，营造风清气正的政治生态，严肃党内政治生活，开展批评和自我批评，严明党的政治纪律和政治规矩，发展积极健康的党内政治文化，突出政治标准选人用人，浚其源、涵其林，养正气、固根本，实现正气充盈、政治清明，可以为守初心担使命提供净化力，促使共产党人永葆清正廉洁的政治本色，干干净净地为人民谋幸福、为中华民族谋复兴。

二、做到"两个维护"

做到"两个维护"，是在坚持政治统领中守初心担使命的核心要求。政治的核心是权力。坚持政治统领守初心担使命，必须坚持权力这个核心，必须坚决维护习近平总书记党中央的核心、全党的核心地位，坚决维护党中央权威和集中统一领导。

做到"两个维护"，是守初心担使命的内在要求。如前所述，共产党人的初心是政治初心，共产党人的使命是政治使命，自然应该把政治放在首位，自然应该坚持政治的核心问题，做到"两个维护"。

做到"两个维护"，是守初心担使命的组织保证。历史证明，没有中国共产党的坚强领导，就没有中国人民的翻身解放，就不会有今天中国人民的幸福，也不会有中华民族站起来富起来强起来的伟大复兴。今天，要实现共产党人的初心使命，必须加强党的领导，坚定不移地做到"两个维护"。

做到"两个维护"，与党员、干部守初心担使命也是统一的。习近平总书记指出："'不忘初心、牢记使命'主题教育一个重要目的就是锤炼党员、干部特别是党员领导干部忠诚干净担当的政治品格,确保全党思想统一、步调一致。"[1]习近平总书记是为中国人民谋幸福、为中华民族谋复兴的总书记,我们的党中央是为中国人民谋幸福、为中华民族谋复兴的党中央。党员、干部做到"两个维护",也是维护习近平总书记和党中央为中国人民谋幸福、为中华民族谋复兴,还是在维护和践行共产党人的初心使命。

做到"两个维护",要增强"四个意识"。这是做到"两个维护"的首要要求。这就要坚持共产党人的政治方向、政治信仰、政治立场,对党忠诚、为党分忧、为党担责、为党尽责。坚持以党的旗帜为旗帜、以党的方向为方向、以党的意志为意志,当政治上的明白人。自觉从大局看问题,把工作放到大局中去思考、定位、摆布,做到正确认识大局、自觉服从大局、坚决维护大局。坚持以习近平同志为核心的党中央的领导,紧密团结在以习近平同志为核心的党中央周围,维护以习近平同志为核心的党中央的权威。向以习近平同志为核心的党中央看齐,向党的理论和路线方针政策看齐,坚持一切工作围绕以习近平同志为核心的党中央的决策部署来进行,在思想上、政治上、行动上同以习近平同志为核心的党中央保持高度一致。

做到"两个维护",要坚定"四个自信"。这是做到"两个维护"的精神力量。这就要坚持中国特色社会主义道路自信、理论自信、制度自信和文化自信,真正懂得中国特色社会主义道路的必然性,真正懂得中国特色社会主义理论的科学性,真正懂得中国特色社会主义制度的优越性,即坚持党的领导、坚持人民当家作主、依法治国、集中力量办大事、坚持公有制为主体和多种所有制经济共同发展、坚持改革创新和与时俱进、用人坚

---

[1] 习近平:《在中央和国家机关党的建设工作会议上的讲话》,《求是》2019年第21期。

持德才兼备和选贤任能等优越性，真正懂得中国特色社会主义文化的先进性，紧密团结在以习近平同志为核心的党中央周围，守初心担使命，坚定不移地把中国特色社会主义伟大事业推向前进。

做到"两个维护"，要坚持民主集中制原则。这是做到"两个维护"的制度保障。我们党是根据自己的纲领和章程，按照民主集中制组织起来的统一整体。民主集中制是民主基础上的集中和集中指导下的民主相结合，是党的根本组织原则。坚持民主集中制的基本原则，一方面，可以充分发扬党内民主，尊重党员主体地位，保障党员民主权利，发挥各级党组织和广大党员的积极性创造性，更好地守初心担使命。另一方面，能够实行正确的集中，做到党员个人服从党的组织，少数服从多数，下级组织服从上级组织，全党各个组织和全体党员服从党的全国代表大会和中央委员会，保证全党的团结统一和行动一致，保证党的决定得到迅速有效的贯彻执行，真正维护以习近平同志为核心的党中央权威和集中统一领导，确保做到"两个维护"。

做到"两个维护"，要严肃党内政治生活。这是做到"两个维护"的重要抓手。这就要加强和规范党内政治生活，增强党内政治生活的政治性、时代性、原则性、战斗性，发展积极健康的党内政治文化，营造风清气正的良好政治生态。用好民主生活会、组织生活会，在"四个意识""四个自信""两个维护"等原则问题上开展积极的思想斗争，正确地开展批评和自我批评，红红脸、出出汗，努力造成又有集中又有民主，又有纪律又有自由，又有统一意志、又有个人心情舒畅、生动活泼的政治局面。开展巡视监督检查，严肃查处对习近平总书记重要讲话、批示、指示精神等贯彻落实不力，阳奉阴违，在重大原则问题上不同党中央保持一致，妄议党中央大政方针，破坏党的集中统一等问题，确保把"两个维护"落到实处。

三、坚持党的政治立场、政治方向、政治原则和政治道路

政治立场,是人们认识、分析、处理政治问题的基本立足点。中国共产党人的政治立场,是马克思主义的立场,是唯物主义的立场,是人民的立场,也是党的立场。习近平总书记指出:"人民立场是中国共产党的根本政治立场,是马克思主义政党区别于其他政党的显著标志。"[1]

政治方向,是政治发展的方向和必然趋势。中国共产党的政治方向是共产主义和中国特色社会主义。建设中国特色社会主义、实现共产主义,是共产党人的理想,也是共产党人的初心使命。

政治原则,体现着政治的本质,反映着政治的经验和规律,是政治行为的基本遵循。中国共产党的政治原则,是中国特色社会主义政治本质的体现,反映着社会主义建设的经验教训,体现着社会主义建设的规律,是共产党人政治行为的基本遵循。

政治道路,即政治发展的必由之路。对当前的中国来说,这条道路就是中国特色社会主义道路。中国特色社会主义道路,就是在中国共产党领导下,立足基本国情,以经济建设为中心,坚持四项基本原则,坚持改革开放,解放和发展社会生产力,建设社会主义市场经济、社会主义民主政治、社会主义先进文化、社会主义和谐社会、社会主义生态文明,促进人的全面发展,逐步实现全体人民共同富裕,建设富强民主文明和谐美丽的社会主义现代化国家。这条道路,凝结着几代共产党人的探索和智慧。

第一,站稳政治立场。

政治立场,关乎政治方向、政治原则、政治道路,是政治的根基问题。坚持以政治为统领守初心担使命,首先要站稳守初心担使命的政治立场。

---

[1]《习近平在庆祝中国共产党成立95周年大会上的讲话》,《人民日报》2016年7月2日。

要站稳马克思主义立场。马克思主义,有科学的世界观和方法论,有共产党人守初心担使命的理论表达。这就要求党员、干部认真学习马克思主义特别是习近平新时代中国特色社会主义思想,把握其精髓要义,用科学的理论涵养守初心担使命,用科学的世界观指导守初心担使命,用科学的方法分析和解决守初心担使命方面的问题,把共产党人的守初心担使命牢牢建立在马克思主义立场的基础之上。

要站稳党性立场。党性是守初心担使命的根基,守初心担使命是党性的体现。这就要求共产党人坚持党性与守初心担使命的统一,坚持中国共产党是中国工人阶级的先锋队、是中国人民和中华民族的先锋队的先进性质,在代表中国先进生产力的发展要求、代表中国先进文化的前进方向、代表中国最广大人民的根本利益的过程中,守初心担使命。坚持党性修养与守初心担使命的统一,加强党性锻炼,在党言党、在党忧党、在党为党,任何时候都同党同心同德,以党的旗帜作为守初心担使命的旗帜,以党的方向作为守初心担使命的方向,以党的意志作为守初心担使命的力量,把共产党人的守初心担使命牢牢建立在加强党性修养的基础之上。

要站稳人民立场。共产党人的守初心担使命,实质上是为民守初心、为民担使命。人民,是守初心担使命的对象,也是守初心担使命的力量源泉。这就要求党员、干部,坚持以人民为中心的发展思想,坚持立党为公、执政为民,一切从人民的利益出发,而不是从个人或小集团的利益出发,践行全心全意为人民服务的根本宗旨,树立真挚的人民情怀,把人民放在心中最高位置,把人民对美好生活的向往作为奋斗目标,永葆守初心担使命的为民本性。要坚持对党负责和对人民负责高度统一,想问题、作决策、办事情都从人民利益出发,权为民所用、情为民所系、利为民所谋,崇尚实干、勤政为民,把精力和心思用在稳增长、促改革、调结构、惠民生、防风险、保稳定上，着力解决人民群众最关心、最直接、最现实的利益问题，努力让人民群众有更多获得感、幸福感、安全感，把人民拥护不拥护、赞成不赞成、高兴不高兴、答应不答应作为衡量一切工作得失的根本标准，实现好、维护好、发展好最广大人民根本利益，为民守初心、为民担使命。要真正懂得人民群众是历史的创造者，坚持党的群众路线，牢固树立群众观点，深入群众调查研究，拜人民为师，从群众中来，到群众中去，集中起来，坚持下去，认真解决"四风"特别是形式主义、官僚主义问题，密切党同人民群众的血肉联系，依靠人民群众守初心担使命。

第二，把准政治方向。

方向决定成败。政治方向是党生存发展第一位的问题，关乎守初心担使命的指向，关乎守初心担使命的成效。习近平总书记指出："坚持不忘初心、继续前进，就要牢记我们党从成立起就把为共产主义、社会主义而奋斗确定为自己的纲领，坚定共产主义远大理想和中国特色社会主义共同理想，不断把为崇高理想奋斗的伟大实践推向前进。"[1]"我们所要坚守的政治方向，就是共产主义远大理想和中国特色社会主义共同理想、'两个一百年'奋斗目标，就是党的基本理论、基本路线、基本方略。"[2]这就要求党员、干部，顺应人类社会的发展规律和趋势，自觉地用共产主义、中国特色社会主义、"两个一百年"奋斗目标、党的基本理论基本路线基本方略引领守初心担使命，确保守初心担使命始终沿着正确的方向前进。

一是坚持用共产主义引领守初心担使命。共产主义是共产党人的初心，也是共产党人的最终使命。党章明确规定："党的最高理想和最终目标是实现共产主义。"党员入党时就明确宣誓：为共产主义奋斗终身。共产党人

---

[1]《习近平在庆祝中国共产党成立95周年大会上的讲话》，《人民日报》2016年7月2日。
[2]《习近平谈治国理政》（第三卷），外文出版社2020年版，第93页。

要牢记自己的誓言,保持为共产主义守初心担使命,坚定地为共产主义远大理想而奋斗。

要坚定共产主义最高理想。这是坚持用共产主义引领守初心担使命的前提。共产主义是基于人类社会发展规律所得出的科学认识,是人类社会现实的生产力与生产关系、经济基础与上层建筑的矛盾运动的必然结果,是资本主义社会生产的社会化与生产资料私人占有的矛盾、无产阶级与资产阶级的矛盾运动的必然结果,是人类社会发展的必然方向和趋势。正如《国际歌》第一段所唱:"起来,饥寒交迫的奴隶!起来,全世界受苦的人!满腔的热血已经沸腾,要为真理而斗争!旧世界打个落花流水,奴隶们起来,起来!不要说我们一无所有,我们要做天下的主人!这是最后的斗争,团结起来到明天,英特纳雄耐尔就一定要实现!这是最后的斗争,团结起来到明天,英特纳雄耐尔就一定要实现!"坚信共产主义,就是坚信客观规律,就是坚信科学。

要为共产主义而奋斗。这是坚持用共产主义引领守初心担使命的关键。实现共产主义是奋斗的目标。习近平总书记指出:"坚定共产主义远大理想和中国特色社会主义共同理想,不断把为崇高理想奋斗的伟大实践推向前进。"[1]这就要求党员、干部,坚持共产主义的方向,撸起袖子加油干,解放和发展社会生产力,脚踏实地为社会主义现代化、中华民族伟大复兴而奋斗,全面完成社会主义初级阶段的历史任务,并在此基础上继续前进。坚持中国特色社会主义与国际主义的统一,树立共产主义者的全球视野和宽广胸怀,统筹国内国际两个大局,始终不渝走和平发展道路、奉行互利共赢的开放战略,坚持正确义利观,树立共同、综合、合作、可持

---

[1]《习近平在庆祝中国共产党成立95周年大会上的讲话》,《人民日报》2016年7月2日。

续的新安全观，在互尊互信、平等相待、开放包容、互利共赢的基础上加强国际合作，发挥联合国以及世界贸易组织、国际货币基金组织、世界银行、二十国集团、欧盟等国际组织的作用，破解全球面临的治理赤字、信任赤字、和平赤字、发展赤字，谋求开放创新、包容互惠的发展前景，推动共建"一带一路"，促进和而不同、兼收并蓄的文明交流，构筑尊崇自然、绿色发展的生态体系，推动构建人类命运共同体，为更加繁荣的世界和人类更加美好的共产主义理想不懈奋斗。

要传承共产主义远大理想。这是坚持用共产主义引领守初心担使命的要求。实现共产主义是一个长期的历史过程。根据马克思恩格斯的观点，共产主义分为第一阶段即社会主义社会、高级阶段即共产主义社会。前者还带有旧社会的"痕迹"，如存在着旧的社会分工，实行公有制为主体的经济形式、按照个人的劳动贡献进行分配；后者是在前者基础上的进一步发展，如实行单一的公有制、按需分配。我国的社会主义是在生产力落后、商品经济不发达的半殖民地半封建社会基础上，经过新民主主义社会发展起来的，虽然已经进入社会主义社会、迈向共产主义社会的历史序列，但我们的社会主义还处在初级阶段，不仅建立共产主义社会制度需要长期的努力，即使巩固发展社会主义本身也需要长期的奋斗。正如邓小平所说："我们搞社会主义才几十年，还处在初级阶段。巩固和发展社会主义制度，还需要一个很长的历史阶段，需要我们几代人、十几代人，甚至几十代人坚持不懈地努力奋斗，决不能掉以轻心。"[1] 这就要求党员、干部，不仅自身守初心担使命，还需要把为实现共产主义不懈奋斗的初心使命传承下去，培养和教育一代代共产党人守初心担使命，持续奋斗，确保共产主义伟大

---

[1]《邓小平文选》（第三卷），人民出版社1993年版，第379—380页。

事业后继有人。

二是坚持用中国特色社会主义引领守初心担使命。中国特色社会主义，体现着近代以来中华民族对国家富强、民族独立探索的经验教训，凝聚着几代中国共产党人的探索智慧，其本质是解放生产力、发展生产力、消灭剥削、消除两极分化、最终实现共同富裕，是中国历史发展的必由之路，是中国人民的幸福之路，是中华民族的复兴之路，是党员、干部守初心担使命的集中体现。党员、干部要守初心担使命，必须坚定中国特色社会主义共同理想，自觉地为中国特色社会主义而奋斗。

要坚定中国特色社会主义共同理想。这是坚持用中国特色社会主义引领守初心担使命的要求。在500多年的探索历程中，社会主义经历了从空想到科学、从理论到实践、从一国实践到多国实践、从模式到特色的发展历程，中国特色社会主义是特色社会主义的一种形态。中国特色社会主义是中国生产力与生产关系、经济基础与上层建筑矛盾运动的必然结果，是中国历史发展的必然选择。坚定中国特色社会主义共同理想，就是坚持马克思主义，坚持科学规律，坚持走历史必由之路。这就要求党员、干部经常用共同理想定向，自觉同共同理想对标，经常检查和纠正自己在追求共同理想过程中的不足，坚定共同理想信念，用共同理想引领和强化守初心担使命。

要自觉地为中国特色社会主义共同理想而奋斗。这是坚持用中国特色社会主义引领守初心担使命的关键。共同理想是奋斗出来的，守初心担使命是在奋斗中实现的。这就要求党员、干部，不忘初心，牢记使命，高举中国特色社会主义伟大旗帜，坚定中国特色社会主义道路自信、理论自信、制度自信、文化自信，统筹推进经济建设、政治建设、文化建设、社会建设、生态文明建设，协调推进全面建设社会主义现代化国家、全面深化改革、全面依法治国、全面从严治党，建设中国特色社会主义物质文明、精神文明、政治文明、社会文明、生态文明，统揽伟大斗争、伟大工程、伟大事业、伟大梦想，夺取新时代中国特色社会主义伟大胜利，不断把中国特色社会主义伟大事业推向前进。

三是坚持用"两个一百年"奋斗目标引领守初心担使命。"两个一百年"，是我们党在实践中提出并不断丰富完善的战略目标。党的十五大提出："展望下世纪，我们的目标是，第一个十年实现国民生产总值比二〇〇〇年翻一番，使人民的小康生活更加宽裕，形成比较完善的社会主义市场经济体制；再经过十年的努力，到建党一百年时，使国民经济更加发展，各项制度更加完善；到世纪中叶建国一百年时，基本实现现代化，建成富强民主文明的社会主义国家。"党的十八大明确提出了"两个一百年"奋斗目标，指出："只要我们胸怀理想、坚定信念，不动摇、不懈怠、不折腾，顽强奋斗、艰苦奋斗、不懈奋斗，就一定能在中国共产党成立一百年时全面建成小康社会，就一定能在新中国成立一百年时建成富强民主文明和谐的社会主义现代化国家。"在此基础上，党的十九大指出："综合分析国际国内形势和我国发展条件，从二〇二〇年到本世纪中叶可以分两个阶段来安排。第一个阶段，从二〇二〇年到二〇三五年，在全面建成小康社会的基础上，再奋斗十五年，基本实现社会主义现代化。""第二个阶段，从二〇三五年到本世纪中叶，在基本实现现代化的基础上，再奋斗十五年，把我国建成富强民主文明和谐美丽的社会主义现代化强国。"不仅增加了"美丽"的新内涵，也对从2020年到21世纪中叶作出了进一步的安排。如今，我们已实现第一个百年奋斗目标，全面建成了小康社会，历史性地解决了绝对贫困问题，正在意气风发向着全面建成社会主义现代化强国的第二个百年奋斗目标迈进。

要开启全面建设社会主义现代化国家新征程。这是用"两个一百年"奋斗目标引领守初心担使命的重要任务。现代化是近代以来中华民族的梦想，承载着共产党人的初心和使命。新中国成立不久，我们党就明确提出了把我国建设成为强大的社会主义现代化工业国家的任务。1975年，周恩来在第四届全国人民代表大会第一次会议上提出："我国国民经济的发展，可以按两步来设想：第一步，用十五年时间，即在一九八〇年以前，建成一个独立的比较完整的工业体系和国民经济体系；第二步，在本世纪内，全面实现农业、工业、国防和科学技术的现代化，使我国国民经济走在世界的前列。"[1] 改革开放后，党的十二大提出，团结全国各族人民，自力更生，艰苦奋斗，逐步实现工业、农业、国防和科学技术现代化，把我国建设成为高度文明、高度民主的社会主义国家。党的十六大提出，到21世纪中叶基本实现现代化，把我国建成富强民主文明的社会主义国家。党的十七大提出，为把我国建设成为富强民主文明和谐的社会主义现代化国家而奋斗。党的十九大提出了把我国建成富强民主文明和谐美丽的社会主义现代化强国的要求。这就要求党员、干部，牢记建设社会主义现代化强国的初心和使命，发挥自己的能动性，贯彻落实党的十九大的战略部署，从2020年到2035年，在全面建成小康社会的基础上，再奋斗15年，基本实现社会主义现代化。从2035年到21世纪中叶，在基本实现现代化的基础上，再奋斗15年，把我国建成富强民主文明和谐美丽的社会主义现代化强国，物质文明、政治文明、精神文明、社会文明、生态文明全面提升，国家治理体系和治理能力实现现代化，成为综合国力和国际影响力领先的国家，基本实现全体人民共同富裕，人民享有更加幸福安康的生活，中华民

---

[1]《周恩来选集》（下卷），人民出版社1984年版，第479页。

族以更加昂扬的姿态屹立于世界民族之林。以此，把守初心担使命化为建设社会主义现代化强国的实际行动。

四是坚持用党的基本理论、基本路线、基本方略引领守初心担使命。党的基本理论是党的科学世界观方法论，是守初心担使命的行动指南。党的基本路线是党的生命线，是守初心担使命的生命线。党的基本方略是对怎样坚持和发展中国特色社会主义的科学解答，是守初心担使命的直接指导。要修好党的建设的永恒课题和党员、干部的终身课题，守初心担使命，必须坚持党的基本理论、基本路线、基本方略。

要坚持党的基本理论。这就是坚持以马克思列宁主义、毛泽东思想、邓小平理论、"三个代表"重要思想、科学发展观、习近平新时代中国特色社会主义思想作为守初心担使命的行动指南。

要坚持党的基本路线。这就是坚持中国共产党在社会主义初级阶段的基本路线，引领守初心担使命，即领导和团结全国各族人民，以经济建设为中心，坚持四项基本原则，坚持改革开放，自力更生，艰苦创业，为把我国建设成为富强民主文明和谐美丽的社会主义现代化强国而奋斗。

要坚持党的基本方略。这就是坚持党对一切工作的领导，坚持以人民为中心，坚持全面深化改革，坚持新发展理念，坚持人民当家作主，坚持全面依法治国，坚持社会主义核心价值体系，坚持在发展中保障和改善民生，坚持人与自然和谐共生，坚持总体国家安全观，坚持党对人民军队的绝对领导，坚持"一国两制"和推进祖国统一，坚持推动构建人类命运共同体，坚持在全面从严治党的过程中守初心担使命。

第三，坚持政治原则。

中国共产党政治原则的内容较为丰富，体现着中国特色社会主义政治上层建筑、思想上层建筑方方面面的内容，表现在党章、党规、规定、条例等各个方面，但最根本的政治原则是四项基本原则。

四项基本原则，即坚持社会主义道路、坚持人民民主专政、坚持中国共产党的领导、坚持马克思列宁主义毛泽东思想。四项基本原则是立国之本，是共产党人最基本的规矩。党员、干部要牢记初心、不忘使命必须坚持四项基本原则。

坚持社会主义道路。社会主义道路是中国历史发展的必由之路。习近平总书记对此进行了精辟分析，他说："在中华民族积贫积弱、任人宰割的时期，各种主义和思潮都进行过尝试，资本主义道路没有走通，改良主义、自由主义、社会达尔文主义、无政府主义、实用主义、民粹主义、工团主义等也都'你方唱罢我登场'，但都没能解决中国的前途和命运问题。是马克思列宁主义、毛泽东思想引导中国人民走出了漫漫长夜、建立了新中国，是中国特色社会主义使中国快速发展起来了。不说更早的时期，就从改革开放开始，特别是苏联解体、东欧剧变以后，唱衰中国的舆论在国际上不绝于耳，各式各样的'中国崩溃论'从来没有中断过。但是，中国非但没有崩溃，反而综合国力与日俱增，人民生活水平不断提高，'风景这边独好'。历史和现实都告诉我们，只有社会主义才能救中国，只有中国特色社会主义才能发展中国，这是历史的结论、人民的选择。"[1] 道路关乎党的命脉，关乎国家前途、民族命运、人民幸福，是四项基本原则的首要问题，是党员、干部守初心担使命的重要内容。这就要求党员、干部要有一颗社会主义之心，坚定对社会主义的理想信念，坚持和维护社会主义道路，反对资产阶级自由化，在为社会主义特别是中国特色社会主义的奋斗中实现自己的初心和使命。

---

[1] 习近平：《关于坚持和发展中国特色社会主义的几个问题》，《求是》2019年第7期。

要坚持人民民主专政。人民民主专政是对人民的民主与对敌人的专政的统一，是新型民主和新型专政的结合。人民民主专政是我国的国体。我国宪法明确规定："中华人民共和国是工人阶级领导的、以工农联盟为基础的人民民主专政的社会主义国家"；"中华人民共和国的一切权力属于人民"。人民民主专政的本质是人民当家作主，人民是国家的主人、社会的主人，领导干部手中的权力是人民赋予的。人民民主专政，是党领导人民建立的政治制度，体现着共产党人的初心使命。这就要求党员、干部要有一颗为民之心，坚持党的领导、人民当家作主、依法治国有机统一，坚持中国特色社会主义政治发展道路，坚持和完善人民代表大会制度、中国共产党领导的多党合作和政治协商制度、民族区域自治制度以及基层群众自治制度，尊重和保障人权，完善中国特色社会主义法律体系，扩大社会主义民主，实现好人民管理国家事务和社会事务、管理经济和文化事业的权利，确保人民当家作主。

要坚持中国共产党的领导。党的领导是历史的选择、人民的选择，是中国特色社会主义最本质的特征，是中国特色社会主义制度的最大优势，是中国特色社会主义事业健康发展的内在要求。坚持和维护中国共产党的领导，是共产党人应有的初心和使命。这就要求共产党人有一颗对党忠诚之心，履行坚持党的领导的使命，在党爱党、在党言党、在党忧党、在党为党，坚持和加强党的全面领导，坚决维护习近平总书记党中央的核心、全党的核心地位，坚决维护党中央权威和集中统一领导，不断增强拥护核心、跟随核心、捍卫核心的思想自觉、政治自觉、行动自觉，始终同以习近平同志为核心的党中央保持高度一致，做到党中央提倡的坚决响应、党中央决定的坚决执行、党中央禁止的坚决不做。要严格遵循党章准则条例，坚决防止和纠正一切偏离"两个维护"的错误言行，不搞任何形式的"低级红""高级黑",决不做两面人、搞两面派、搞"伪忠诚",用制度保障党的领导。

要坚持马克思列宁主义毛泽东思想。马克思列宁主义毛泽东思想是我们党的指导思想。邓小平理论、"三个代表"重要思想、科学发展观,特别是习近平新时代中国特色社会主义思想,是马克思列宁主义毛泽东思想的继承和发展,是马克思列宁主义毛泽东思想与实际和时代相结合的新成果,是党的指导思想和行动指南,是共产党人的思想灵魂以及初心和使命的理论阐释。这就要求党员、干部要用党的理论武装自己,坚持党的理论与实践相结合,认真学习党的理论,自觉地用党的理论武装头脑,用党的理论解决实践中的重大问题,把党的理论化为中国特色社会主义建设的实际行动,并用实践经验丰富党的理论,在党的理论的指导下守初心担使命。

第四,坚定政治道路。

中国特色社会主义道路,是中国人民幸福之路,是中华民族伟大复兴之路,是中国共产党人守初心担使命之路。习近平总书记指出:"中国特色社会主义道路是实现社会主义现代化的必由之路,是创造人民美好生活的必由之路。"[1]党员、干部要守初心担使命,必须坚持中国特色社会主义道路。

要全面坚持中国特色社会主义道路。坚持中国特色社会主义道路是一条全面发展之路。这就要求党员、干部坚持社会主义发展方向,使中国特色社会主义道路始终沿着社会主义的方向前进。坚持党的领导,全面从严治党,使党始终成为中国特色社会主义事业的领导核心,确保中国特色社会主义始终在党的领导下前进。深入调查研究,摸清党情国情世情,把中

---

[1] 《习近平在庆祝中国共产党成立 95 周年大会上的讲话》,《人民日报》2016 年 7 月 2 日。

国特色社会主义置于现实的基础上，确保中国特色社会主义扎实推进。提高正确处理复杂矛盾的本领和水平，抓住人民日益增长的美好生活需要和不平衡不充分的发展这个社会主要矛盾，正确理解四项基本原则与改革开放的关系，解放和发展生产力，奠定中国特色社会主义的物质基础。提高统筹推进"五位一体"总体布局的本领和水平，全面推进中国特色社会主义事业。提高促进人的发展的本领和水平，全心全意为人民服务，大力发展文化事业，促进人的全面发展。提高正确理解一部分先富与共同富裕这一政策的本领和水平，坚持以人民为中心，加大再分配调节力度，着力解决收入分配差距较大问题，使发展成果更多更公平惠及全体人民，逐步实现全体人民共同富裕。提高推进现代化建设的本领和水平，走中国特色的现代化道路，实现社会主义现代化强国的奋斗目标。在全面坚持中国特色社会主义道路中守初心担使命。

要坚持中国特色社会主义制度。这是坚持中国特色社会主义道路的保障。中国特色社会主义制度，就是人民代表大会制度这一根本政治制度，中国共产党领导的多党合作和政治协商制度、民族区域自治制度以及基层群众自治制度等基本政治制度，中国特色社会主义法律体系，公有制为主体、多种所有制经济共同发展的基本经济制度，以及建立在这些制度基础上的经济体制、政治体制、文化体制、社会体制等各项具体制度。这就要求党员、干部坚持党的领导、人民当家作主、依法治国有机统一，加强党的集中统一领导，支持人大、政府、政协和法院、检察院依法依章程履行职能、开展工作、发挥作用。坚持人民代表大会制度，支持和保证人民通过人民代表大会行使国家权力。推动协商民主广泛、多层、制度化发展，统筹推进政党协商、人大协商、政府协商、政协协商、人民团体协商、基层协商以及社会组织协商。加强对法治中国建设的统一领导，全面依法治国，坚持厉行法治，推进科学立法、严格执法、公正司法、全民守法。坚持社会主义基本经济制度，完善社会主义市场经济体制。深化行政体制改革，推进政企分开、政资分开、政事分开、政社分开，深化行政审批制度改革，稳步推进大部门制改革，优化行政层级和行政区划设置，创新行政管理方式，严格控制机构编制，完善体制改革协调机制。健全权力运行制约和监督体系，坚持用制度管权管事管人，健全决策机制和程序，推进权力运行公开化、规范化，让人民监督权力，让权力在阳光下运行。巩固和发展最广泛的爱国统一战线，坚持长期共存、互相监督、肝胆相照、荣辱与共的方针，加强同民主党派和无党派人士团结合作，全面正确贯彻落实党的民族政策，全面贯彻党的宗教工作基本方针，鼓励和引导新的社会阶层人士为中国特色社会主义事业作出更大贡献，落实党的侨务政策，支持海外侨胞、归侨侨眷关心和参与祖国现代化建设与和平统一大业。在坚持中国特色社会主义制度中守初心担使命。

要坚持中国特色社会主义的基本要求。这是坚持中国特色社会主义道路的重要要求。这些基本要求是：必须坚持人民主体地位，必须坚持解放和发展社会生产力，必须坚持推进改革开放，必须坚持维护社会公平正义，必须坚持走共同富裕道路，必须坚持促进社会和谐，必须坚持和平发展，必须坚持党的领导。这些基本要求体现党的基本理论、基本路线、基本方略，体现共产党执政规律、社会主义建设规律、人类社会发展规律，回应了我国经济社会发展中存在的突出问题、难点问题、热点问题，回答了在新的历史征程上怎样夺取中国特色社会主义新胜利的基本问题，是建设中国特色社会主义的正确指引。这就要求党员、干部立足客观实际，提高本领水平，创造性地把这些基本要求落到实处，在落实这些基本要求、推进中国特色社会主义历史进程的过程中守初心担使命。

四、开展经常性政治体检

体检,是防病治病的有效方法。开展经常性政治体检,是"不忘初心、牢记使命"主题教育的重要经验,是守好初心、担好使命的重要方法。习近平总书记指出:"要教育党员干部以刀刃向内的自我革命精神,广泛听取意见,认真检视反思,把问题找实、把根源挖深,明确努力方向和改进措施,切实把问题解决好。"[1]"在细照笃行中不断修炼自我。"[2]中共中央办公厅印发的《关于巩固深化"不忘初心、牢记使命"主题教育成果的意见》指出:"开展经常性政治体检""把政治体检作为党员、干部自觉打扫思想政治灰尘、不断增强政治免疫力的重要途径"。

要在细照中检视问题。这就要求党员、干部以一个共产党人的坦诚胸怀和光明磊落,立足党性,站位全局,放眼世界,经常对照习近平新时代中国特色社会主义思想和党中央决策部署,对照党章党规,对照初心使命要求,对照人民群众新期待,对照先进典型、身边榜样,查找自身在政治、思想、组织、作风、能力、廉洁等方面存在的差距和不足,特别是要看一看是否把准了政治方向,是否坚持了党的正确领导,是否夯实了执政根基,是否有良好的政治生态,是否有政治风险意识,是否保持了政治本色,是否提升了政治能力。

具体来说,内容更丰富。对照党章,要对照入党誓词,直面灵魂深处,检查自己有没有践行入党承诺,是否始终做到"拥护党的纲领,遵守党的

---

[1]《习近平在"不忘初心、牢记使命"主题教育工作会议上强调 守初心担使命找差距抓落实 确保主题教育取得扎扎实实的成效》,《人民日报》2019年6月1日。

[2]《习近平在中央党校(国家行政学院)中青年干部培训班开班式上发表重要讲话强调 在常学常新中加强理论修养 在知行合一中主动担当作为》,《人民日报》2019年3月2日。

章程，履行党员义务，执行党的决定，严守党的纪律，保守党的秘密，对党忠诚，积极工作，为共产主义奋斗终身，随时准备为党和人民牺牲一切，永不叛党"。对照党的纲领，扪心自问，检查自己是否坚定共产主义信仰、坚持正确的政治方向，是否保持了崇高理想，是否跟进学习了党的最新理论成果，是否做到了向以习近平同志为核心的党中央看齐，向党的理论路线方针政策和中央重大决策部署看齐。对照党员义务，从思想、政治、组织、纪律等方面逐条比对，寻找差距不足，检查自己是否党性意识淡薄、党员意识弱化，是否尽到党员应有的责任，是否真正发挥了先锋模范作用等。对照党的组织制度、组织原则，检查自己是否对党忠诚老实、言行一致，是否严格按党的民主集中制组织原则办事，是否带头如实向党组织报告个人事项、带头执行党的决议等。对照党内生活要求，检查自己是否积极、及时、到位地参加党的组织生活，是否积极开展批评和自我批评、自觉接受监督等。对照党的纪律规矩，检查自己是否对党纪国法怀有敬畏之心，是否形成了遵规守纪的思想自觉，是否在党纪党规面前做到了令行禁止等。领导班子还要针对巡视巡察、干部考核、专项督查反馈的意见，联系本地区本部门本单位发生的重大事件、典型案件，把自己摆进去、把职责摆进去、把工作摆进去，集体讨论查找问题，把问题找实、把根源找深。要一条一条列出问题，不搞官样文章，不硬性规定字数。

要正确地看待问题。人无完人，不管是领导干部，还是普通百姓，总难免会有这样或者那样的缺点错误，关键是你怎样看待和处理。"金无足赤，人无完人"，任何人都有缺点和不足，对于党员、干部来说，面对自己的不足，要勇于改正。藏着掖着，不仅解决不了问题，还会让自己陷入被动，造成不良的影响。一个人，最大的缺点，是不知自己有缺点；最危险的缺点，是坚持自己的缺点；最无知的缺点，是为自己的缺点辩解；最可笑的缺点，是闭上眼睛也能发现别人的缺点，睁大眼睛却看不见自己的缺点。党员、干部一定要不断地发现自己的缺点，最终改掉缺点，尽最大努力完善自己。党的组织也要正确地看待问题，绝不能有了一点问题，就把干部一棒子打死，要给予干部改正缺点错误的机会。《礼记·学记》载文："知不足，然后能自反也。"这表明只有认识到自己的不足之处，才能自我反省。"知不足"更是一种态度，是对自我的剖析，是人固有的"自知之明"。党员、干部要"知足"，也要"知不足"。作为"关键少数"，党员、干部肩挑重责，身担重任，理应在其位、谋其政、干其事，要做到不计较个人得失，不沉迷名利和物质，时刻牢记入党初心，安于清贫，耐得住寂寞，一心为民办事，真正做到"为官一任，造福一方"。同时，更应发挥党员、干部的"领头羊"作用，对于自身存在的不足要有清醒的认识，虚心接受他人提出的意见和建议，以一种积极向上的态度主动投入到学习和工作中。只有如此，才能在"知足"中保持廉洁从政，在"知不足"中开创事业新的局面。

要在笃行中解决问题。整改不落实，就是对党不忠诚。习近平总书记在"不忘初心、牢记使命"主题教育工作会议上指出："要把'改'字贯穿始终，立查立改、即知即改，能够当下改的，明确时限和要求，按期整改到位；一时解决不了的，要盯住不放，通过不断深化认识、增强自觉，明确阶段目标，持续整改。各地区各部门各单位要有针对性地列出需要整治的突出问题，进行集中治理。专项整治情况要以适当方式向党员干部群众进行通报，对专项整治中发现的违纪违法问题，要严肃查处。"[1]这就要求我们，应当有敢于触及矛盾、解决问题的责任担当。解决问题关键是科学

---

[1]《习近平在"不忘初心、牢记使命"主题教育工作会议上强调 守初心担使命找差距抓落实 确保主题教育取得扎扎实实的成效》，《人民日报》2019年6月1日。

分析问题、深入研究问题，弄清问题性质、找到症结所在。问题分析、研究得越透彻，解决起来就越有针对性。要针对检视查摆的问题，坚持具体问题具体分析，做到对症下药、有的放矢，一把钥匙开一把锁。要善于透过现象看本质，从繁杂问题中把握事物的规律性，从苗头问题中发现事物的倾向性，从偶然问题中揭示事物的必然性，努力实现从感性认识到理性认识的飞跃。要抓住事关全局的重要问题，带动全局工作，推进事业全面发展。要雷厉风行，列出清单，落细落小整改措施，立查立改，从具体事、身边事、群众最不满意的事改起，整改情况在适当范围内公开。对重大疑难问题，开展集中专项整治，对专项整治中发现的违纪违法问题，要严肃查处。各级领导班子成员之间、党支部委员之间要经常性开展谈心谈话，交流思想、相互提醒、相互帮助，保证整改到位。能改的立即改，一时解决不了的盯住改、限期改，一件一件整改到位。上级机关要加强对下级机关整改的督促检查，及时发现和纠正整改中问题。

要用好载体和方法。这就是说县处级以上领导班子要发扬自我革命精神，召开民主生活会，针对检视反思的问题，联系整改落实情况，坚持"惩前毖后、治病救人"方针和"团结—批评—团结"的公式，抓关键、点要害，真刀真枪、辣味十足，咬耳扯袖、红脸出汗，有则改之无则加勉，统一思想，提升素质，提高整改成效。企业、农村、机关、学校、科研院所、街道社区、社会组织、人民解放军连队和其他基层单位的基层党组织，要以党支部为单位，召开组织生活会，党员领导干部要以普通党员身份参加所在党支部或者党小组组织生活，虚心听取意见，带头开展批评和自我批评，严格党的组织生活，及时检视整改违背初心使命的各种问题，维护和执行党的纪律，永葆党的先进性和纯洁性。

五、永葆共产党人的政治本色

本色,顾名思义,是事物的原本颜色,也就是没有染过的颜色;其同义词是本质、实质。政治本色,就是政治的原本颜色。政治的核心是权力,政治本色的核心是权力的原本颜色。

对共产党人来说,政治本色实质是党性的本色,是党性的体现。中国共产党是马克思主义与中国工人运动相结合的产物,决定其本色的基因即原色有两个:一是马克思主义,二是无产阶级。前者是其政治理论原色,后者是其阶级基础原色。这两种因素的结合决定了党的性质,也决定了党性的本色,即中国共产党是中国工人阶级的先锋队、中国人民和中华民族的先锋队,也就是政治的人民本色;中国共产党是中国特色社会主义事业的领导核心,也就是政治的领导本色;中国共产党代表中国先进生产力的发展要求,代表中国先进文化的前进方向,代表中国最广大人民的根本利益,也就是政治的代表本色;党的最高理想和最终目标是实现共产主义,也就是政治的理想本色。其核心是人民本色。

党性可以体现在政治行为的各个方面,也就有了多种多样的政治本色,如政治行为方面的为民服务、实事求是、改革创新、清正廉洁、艰苦奋斗等。如果说原色是第一层级的政治本色,党性是第二层级的政治本色,那么政治行为的方方面面可以称为第三层级的政治本色。

共产党人的政治本色,不仅取决于党性,而且也会受到外部环境的影响。市场经济的负面影响,西方敌对势力的渗透,西方文化的冲击,金钱、权力、美色的诱惑……都会使一些党员、干部的政治本色蒙上灰尘,有的丧失理想信念,有的忘记初心,有的不再担当,有的蜕化变质,等等。这就要求我们,巩固深化"不忘初心、牢记使命"主题教育成果,掸去思想灰尘，锤炼政治品格，永葆政治本色。

扫帚不到，灰尘不会自动跑掉。我们要经常开展政治体检，对照党章党规党纪找差距，检视自己的理想信念和思想言行，开好民主生活会和组织生活会，用好批评和自我批评武器，不断掸去思想上的灰尘，永葆政治本色。

要涵养政治定力。政治定力，是政治修养的一种境界，是在复杂多变的政治斗争中处变不惊、临危不惧、坚定驾驭政治的本领和水平，是政治核心力、政治方向力、政治立场力、政治认识力和政治行动力的有机统一。政治定力反映的是政治信仰、政治立场、政治态度、政治纪律，影响着守初心担使命。没有政治定力，就难以永葆政治本色。这就要求党员、干部，一是在理想信念方面要有坚守力。信仰是党的精神旗帜，是国家、民族实现奋斗目标的精神支柱和动力。理想信念是共产党人精神上的"钙"，没有理想信念，理想信念不坚定，精神上就会"缺钙"，就会得"软骨病"，就会不堪一击。二是在宗旨意识方面要有亲和力。立党为公、执政为民是党的宗旨的本质要求。我们党来自人民、植根人民、服务人民，党的根基在人民、血脉在人民、力量在人民。如果自诩高明、脱离了人民，或者凌驾于人民之上，就必将被人民所抛弃。三是在权力行使方面要有回报力。权力是人民给予的。我们要珍惜人民给予的权力，用好人民给予的权力。要牢记权力就是责任的理念，用权要接受监督，确保权力行使不偏离正确方向，确保权力行使的神圣性、为民性。四是在廉以律己方面要有自控力。高尚的操守是做人的根本，廉以律己是干事的底线。要学习焦裕禄同志廉洁奉公、"任何时候都不搞特殊化"的道德情操，严于律己、洁身自好，自觉履行从严治党的政治责任。

要炼就政治慧眼。党员、干部只有炼就一双把握方向、把握大势、把握大局、辨别政治是非、驾驭政治局面、防范政治风险的政治慧眼，才能"不畏浮云遮望眼"，更好地把党和人民赋予的政治责任放在心上、扛在肩上、抓在手上、落实在行动上，把党中央的决策部署落到实处，守好初心、担好使命，保持政治本色。这就要求党员、干部始终把准政治方向，坚持党的领导，贯彻党的基本理论基本路线基本方略，坚定不移坚持和发展中国特色社会主义；把握政治大势，具有历史眼光和全球视野，把党和人民的事业放到历史长河和全球视野中来谋划，把握方向、掌握主动，抓住机遇、顺势而为，因势利导、化危为机，更好地推动事业发展；把握政治全局，以全面、系统、联系的观点来认识问题、分析问题、处理问题，通盘考虑各种问题，统筹谋划各项事业，不会因本位主义、局部利益，损害全局和整体利益。辨别政治是非，具备出色的政治鉴别力，在政治是非面前保持清醒的政治头脑和正确的政治方向，有效地抵制腐朽思想文化和各种错误思潮的侵蚀和影响，确保改革开放和经济建设健康、顺利地发展；驾驭政治局面，站在党和国家的政治大局上思考和决策，善于把控突发事件，维护安定团结的政治局面；防范政治风险，守土有责、守土负责、守土尽责，始终把维护党的政治纪律和政治规矩放在首位，严肃查处上有政策、下有对策，有令不行、有禁不止等行为，坚决将各种政治隐患化解在萌芽状态，坚定不移维护党中央权威和党中央集中统一领导。

要全面增强政治本领。这是永葆共产党人政治本色的基础。要增强学习本领，勤于学习、善于学习、终身学习，既博览群书又术业有专攻，通过学习与时俱进、保持先进，依靠学习走向未来。增强政治领导本领，坚持战略思维、创新思维、辩证思维、法治思维、底线思维。增强改革创新本领，保持锐意进取的精神风貌。增强科学发展本领，善于贯彻新发展理念，不断开创发展新局面。增强依法执政本领，加快形成覆盖党的领导和党的建设各方面的党内法规制度体系。增强群众工作本领，创新群众工作体制机制和方式方法，推动工会、共青团、妇联等群团组织增强政治性、先进性、群众性。增强狠抓落实本领，坚持说实话、谋实事、出实招、求实效，把雷厉风行和久久为功有机结合起来，勇于攻坚克难，以钉钉子精神做实做细做好各项工作。增强驾驭风险本领，健全各方面风险防控机制，善于处理各种复杂矛盾，勇于战胜前进道路上的各种艰难险阻，牢牢把握工作主动权。

在担当作为中守初心担使命

担当作为是党员、干部的必备素质、应有责任和应有作风,是守初心担使命的应有之义和实践要领。在中国特色社会主义新时代,修好党的建设的永恒课题和党员、干部的终身课题,要有责任重于泰山的意识,坚持党的原则第一、党的事业第一、人民利益第一,做新时代的实干家、行动者和奋斗者,敢于负责、勇于担当,忠实履行职责,健全担当作为的机制和平台,善始善终、善作善成,在"五个敢于"中守初心担使命。

一、担当作为是守初心担使命的实践要领

担当作为是中国共产党先进性的题中应有之义，是中国共产党人的鲜明政治品格。我们党自成立之日起，就是中国工人阶级的先锋队，同时是中国人民和中华民族的先锋队，自觉地担当起争取民族独立和人民解放、实现国家富强和人民幸福的历史使命。回顾我们党百年来波澜壮阔的发展历程，无论是血雨腥风、战火纷飞的峥嵘岁月，意气风发、激情燃烧的建设时期，还是波澜壮阔、生机勃勃的改革年代，千千万万的中国共产党人始终心怀崇高革命理想，以国家民族利益为重、以人民幸福安康为念，同全体人民一道顽强拼搏、接力奋斗，为诠释不同历史时期的责任担当，奉献了全部智慧、心血乃至生命。据统计，仅从1921年7月1日到1949年10月1日，可以查到姓名的党员烈士就有370多万名。[1]新中国成立后，像邱少云、黄继光、罗盛教、杨根思等舍生忘死保家卫国的英雄壮举，像钱学森、邓稼先、李四光、华罗庚等老一辈科学家冲破阻力报效祖国的赤子情怀，像雷锋、王进喜、焦裕禄、时传祥等先进模范人物艰苦奋斗、无私奉献的高尚品格，都鲜明而集中地体现了共产党人的担当精神。改革开放以来，孔繁森、牛玉儒、杨善洲、沈浩等党员领导干部，为了让人民群众过上好日子，殚精竭虑，忘我工作，是新时期共产党人敢于担当的杰出楷模。

担当作为是伟大民族精神的重要内容。习近平总书记指出："中国是

---

[1] 参见贾世江：《保持在理想追求上的政治定力》，人民网2016年7月6日。

有着悠久文明的国家""中国人独特而悠久的精神世界，让中国人具有很强的民族自信心，也培育了以爱国主义为核心的民族精神"。[1] 敢于担当作为，深深植根于中华民族优秀文化传统和民族精神之中。从《周易》的"天行健，君子以自强不息"，诸葛亮的"鞠躬尽瘁，死而后已"，到孙中山的"勇往直前，以浩气赴事功，置死生于度外"等，无不彰显着中华民族的责任担当。中国共产党作为伟大民族精神的坚定传承者，不断赋予责任担当以新的内涵，从井冈山精神、长征精神、延安精神、西柏坡精神，到大庆精神、"两弹一星"精神，再到抗震救灾精神、载人航天精神、改革开放精神、抗疫精神等，都生动地体现了民族精神的与时俱进，体现了共产党人的责任担当。[2]

"为官避事平生耻。"担当作为是新时代党员、干部守初心担使命的应有之义和实践要求。无论是守初心，还是担使命，都意味着担当作为，都需要担当作为。

担当作为，是推动党和国家事业发展的迫切需要。在新的历史条件下，统筹推进"五位一体"总体布局，协调推进"四个全面"战略布局，贯彻落实新发展理念，构建新发展格局，推进国家治理体系和治理能力现代化，把党的十九大确定的一系列重大战略部署落到实处，需要广大党员、干部更加积极主动地担当作为。

担当作为，是推动全面从严治党向纵深发展的内在要求。全面从严治党，进行自我革命，是一种责任担当。党的十八大以来，随着全面从严治党的深入推进，干部乱作为问题得到有效遏制，但也有少数干部存在不作

---

[1] 《习近平在布鲁日欧洲学院的演讲》，人民网 2014 年 4 月 2 日。
[2] 参见《张庆黎：敢于责任担当 不辱历史使命——深入学习贯彻习近平总书记关于责任担当的重要论述》，人民网 2014 年 5 月 7 日。

为慢作为问题，有的庸政懒政怠政、改革勇气锐气弱化，需要按照严管和厚爱结合、激励和约束并重的要求，着眼于建立激励机制和容错纠错机制，抓住影响干部干事创业、担当奉献的关键症结，有针对性地提出对策措施，进一步担当作为。

担当作为，是实现中华民族伟大复兴中国梦的必然要求。中国共产党自诞生之日起，就勇敢担当起团结带领人民实现中华民族伟大复兴的历史使命。习近平总书记指出："空谈误国，实干兴邦。我们这一代共产党人一定要承前启后、继往开来，把我们的党建设好，团结全体中华儿女把我们国家建设好，把我们民族发展好，继续朝着中华民族伟大复兴的目标奋勇前进。"[1] 实现中华民族伟大复兴中国梦，就是要实现国家富强、民族振兴、人民幸福。现在，我们比历史上任何时期都更接近实现中华民族伟大复兴的目标，比历史上任何时期都更有信心、更有能力实现这个目标。民族圆梦，人人有责。今天，历史的接力棒已经传到了我们手中，每个人特别是党员领导干部，都应当在这个新的历史进军中，坚定信念，担当责任，彰显价值，为实现中华民族伟大复兴中国梦贡献智慧和力量。

二、做实干家、行动者和奋斗者

守初心担使命，从党员、干部个人来说，就是做实干家、行动者和奋斗者。

做知行合一、真抓实干的实干家。"长安何处在，只在马蹄下。"初心使命是干出来的。实干家，首先，是干。中华民族五千年的薪火传承，中

---

[1]《习近平在参观〈复兴之路〉展览时强调 承前启后 继往开来 继续朝着中华民族伟大复兴目标奋勇前进》，人民网 2012 年 11 月 30 日。

国共产党百年的辉煌奋斗历程，新中国成立七十多年的建设成就，无不是干出来的。新时代坚持和发展中国特色社会主义，实现民族伟大复兴的中国梦，是一项前无古人的伟大事业，更应该"干"字当头。其次，是实干。坚持实事求是、一切从实际出发、脚踏实地、一步一个脚印、久久为功地干，在实干中开辟道路，在实干中实现美好愿景。再次，是会干。所谓实干家，简而言之，就是会干的行家。这就是要认真学习党的基本理论、基本路线、基本方略，学习党中央的重大决策部署，走群众路线，深入调查研究，把握本地本单位的实际情况和问题，创造性地把党的理论、路线、方针、政策与本地本单位的实际情况结合起来，依靠人民群众的力量，创造无愧于时代、无愧于人民的业绩，开辟发展的新境界，实现伟大梦想。

做不尚清谈、起而行之的行动者。"道虽迩，不行不至；事虽小，不为不成。"初心使命是行动的过程和结果。清谈客所以谓之"客"，正是因为清谈者自诩超脱、一副置身事外的看客心态。"现在一些清谈客，往往热衷于不切实际、不着边际、不负责任的空谈，这种'语言的巨人，行动的矮子'，不但无助于成事，还可能误事甚至坏事。特别是在我们的干部队伍中，做清谈客、当太平官的风气也在潜滋暗长。面对前进道路上的风险挑战、改革发展中的硬骨头，有的心存畏难情绪，怕担责任，不敢干；有的沉醉于已有成绩，习惯悠哉乐哉的生活，奋斗精神衰减，不想干；有的抱怨规矩多了、要求严了，把不出事当成唯一追求，为官不为，不愿干；有的面对新情况新问题，老办法不管用、新办法不会用，手足无措，不会干。甚至还有的人，以评判者自居，不知天下大势何往，不知中华历史文脉，不知国力资源几何，不知国家根基所在，不知百姓疾苦冷暖，指指点点、品头论足、说三道四、肆意妄论，扰乱民众思想，挫伤社会预期。如此清谈之风当休矣！"[1]光说不练假把式，共产党人崇尚实干，人民群众喜欢实干家。习近平总书记提出："与其坐而论道，不如起而行之。"[2]党员、干部要深入基层、深入群众，勇于面对矛盾，善于解决问题，敢于承担责任，坚决同歪风邪气作斗争，以人民群众对美好生活的向往为奋斗目标，在实践中"摸爬滚打、千锤百炼"，提高工作能力和服务水平。

当攻坚克难、勇攀高峰的奋斗者。中国特色社会主义新时代是奋斗者的时代。初心使命是在奋斗中实现的。在第十三届全国人民代表大会第一次会议上，习近平总书记充满深情地说："中国人民是具有伟大奋斗精神的人民""中国人民自古就明白，世界上没有坐享其成的好事，要幸福就要奋斗"。[3]奋斗是一种幸福，没有奋斗的人生是苍白的人生，只有奋斗者才能实现人生的价值和意义。奋斗是艰辛的，艰难困苦、玉汝于成，没有艰辛谈不上奋斗，真正的共产党人要在艰苦奋斗中净化灵魂，磨砺意志，锻造信念，实现初心使命。奋斗是长期的，共产党人的伟大事业和崇高理想需要几代人、十几代人、几十代人持续奋斗。奋斗是曲折的，"为有牺牲多壮志，敢教日月换新天"，要奋斗就会有牺牲，我们要始终发扬大无畏精神和无私奉献精神。奋斗者是精神最为富足的人，也是最懂得幸福、最享受幸福的人。改革开放40多年来，中国共产党人守初心担使命，以敢闯敢干的勇气和自我革新的担当，闯出了一条中国特色社会主义道路，使我国实现了从赶上时代到开辟中国特色社会主义新时代的伟大飞跃。"芳林新叶催陈叶，流水前波让后波。"面对当今世界复杂深刻的变化，我们

---

[1] 钟一平：《人民论坛：要做实干家 不做清谈客》，人民网2015年2月25日。

[2] 《习近平在二十国集团领导人第十次峰会第一阶段会议上的讲话》，新华网2015年11月16日。"坐而论道""起而行之"语出《周礼·冬官考工记》。

[3] 《在第十三届全国人民代表大会第一次会议上的讲话》，《求是》2020年第10期。

要不忘初心、牢记使命，必须坚持把人民对美好生活的向往作为我们的奋斗目标，弘扬逢山开路、遇水架桥的开拓精神，始终为人民不懈奋斗、同人民一起奋斗，进行伟大的自我革命，引领伟大的社会革命，形成竞相奋斗、团结奋斗的生动局面，做实现中华民族伟大复兴的奋斗者。

三、忠实履行职责

忠实履行职责，是中华民族的优秀传统，是守初心担使命的应有之义，是习近平总书记的明确要求。2014年8月20日，在纪念邓小平同志诞辰110周年座谈会上的讲话中，习近平总书记指出："开拓创新，是邓小平同志一生最鲜明的领导风范，也永远是中国共产党人应该具有的历史担当。"在2019年春季学期中央党校（国家行政学院）中青年干部培训班开班式上，习近平总书记指出："能否敢于负责、勇于担当，最能看出一个干部的党性和作风。"2020年6月29日，在十九届中共中央政治局第二十一次集体学习时习近平总书记指出："要通过加强思想淬炼、政治历练、实践锻炼、专业训练，推动广大干部严格按照制度履行职责、行使权力、开展工作。"在2020年秋季学期中央党校（国家行政学院）中青年干部培训班开班式上，习近平总书记指出："各级党组织要有针对性地加强对年轻干部的思想淬炼、政治历练、实践锻炼、专业训练，明确培养年轻干部的正确途径，坚决克服干部培养中的形式主义，帮助他们提高解决实际问题能力，让他们更好肩负起新时代的职责和使命。"习近平总书记之所以一再强调担当精神，是因为党员、干部只有做到担当，才能无愧于时代、无愧于人民、无愧于历史。

我们要守初心担使命，统筹推进"五位一体"总体布局、协调推进

"四个全面"战略布局，贯彻落实新发展理念，打好三大攻坚战，做好稳增长、促改革、调结构、惠民生、防风险、保稳定工作，开启全面建设社会主义现代化国家新征程等，都需要敢于负责、勇于担当，认真履职。

要明晰职责。这是履行职责的前提。对不同的组织、不同的党员干部、不同的工作而言，需要履行的职责是不同的。比如，地方党委履行全面从严治党的主体责任，主要包括十二项职责：坚决维护以习近平同志为核心的党中央权威和集中统一领导，坚决贯彻执行党中央决策部署以及上级党组织决定；在本地区发挥总揽全局、协调各方的领导作用，在经济社会发展各项工作中坚持和加强党的全面领导，在同级各种组织中发挥领导作用；把党的政治建设摆在首位，坚定政治信仰，强化政治领导，提高政治能力，净化政治生态，始终在政治立场、政治方向、政治原则、政治道路上同党中央保持高度一致；把党的思想建设作为基础性建设来抓，坚定理想信念，用习近平新时代中国特色社会主义思想武装头脑、指导实践、推动工作，落实意识形态工作责任制；贯彻新时代党的组织路线，坚持民主集中制，树立和坚持正确选人用人导向，建设忠诚干净担当的高素质专业化干部队伍，加强党的基层组织和党员队伍建设，做好人才工作，夯实党执政的组织基础；持之以恒抓好党的作风建设，落实中央八项规定精神，持续整治"四风"特别是形式主义、官僚主义，反对特权思想和特权现象，密切党同人民群众的血肉联系；加强党的纪律建设，重点强化政治纪律和组织纪律，带动廉洁纪律、群众纪律、工作纪律、生活纪律严起来；落实制度治党、依规治党要求，加强本地区党内法规制度建设，严格落实党内法规执行责任制，确保党内法规制度落地见效；落实党风廉政建设主体责任，深入推进反腐败斗争，一体推进不敢腐、不能腐、不想腐，巩固发展反腐败斗争压倒性胜利；领导、支持和监督党的纪律检查机关、党的工作机关、党委直属事业单位、党组（党委）和下级地方党委、党的基层组织等落实全面从严治党主体责任，形成全面从严治党整体合力；加强对本地区统一战线工作和群团工作的领导，动员、组织所属党组织和广大党员，团结带领群众实现党的目标任务；勇于和善于结合本地区实际，切实解决影响全面从严治党的突出问题。

党委（党组）书记应当履行本地区本单位全面从严治党第一责任人职责，做到重要工作亲自部署、重大问题亲自过问、重点环节亲自协调、重要案件亲自督办；管好班子、带好队伍、抓好落实，支持、指导和督促领导班子其他成员、下级党委（党组）书记履行全面从严治党责任，发现问题及时提醒纠正。党委（党组）领导班子其他成员根据工作分工对职责范围内的全面从严治党工作负重要领导责任，按照"一岗双责"要求，领导、检查、督促分管部门和单位全面从严治党工作，对分管部门和单位党员、干部从严进行教育管理监督。

又比如，党的地方委员会的职责主要包括：制定贯彻执行党中央和上级党组织决策部署以及同级党代表大会决议、决定的重大措施。讨论和决定本地区经济社会发展战略、重大改革事项、重大民生保障等经济社会发展重大问题。讨论和决定本地区党的建设方面的重大问题，审议通过重要党内法规或者规范性文件。决定召开同级党代表大会或者党代表会议，并对提议事项先行审议、提出意见。听取和审议常委会工作报告或者专项工作报告。选举书记、副书记和常委会其他委员；通过同级党的纪律检查委员会全体会议选举产生的书记、副书记和常委会其他委员。决定递补党委委员；批准辞去或者决定免去党委委员、候补委员；决定改组或者解散下一级党组织；决定或者追认给予党委委员、候补委员撤销党内职务以上党纪处分。研究讨论本地区行政区划调整以及有关党政群机构设立、变更和撤销方案。对常委会提请决定的事项或者应当由全会决定的其他重要事项作出决策。党的组织和党员、干部，要履行自己的职责，首先必须准确站位，把自己的职责牢记于心。

要担当责任。这是履行职责的关键。党员、干部要不负党和人民重托，以时不我待、只争朝夕、勇立潮头的历史担当，以守土有责、守土负责、守土尽责的责任担当，在其位、谋其政、干其事、求其效，改革创新、攻坚克难、锐意进取、担当作为，面对大是大非敢于亮剑，面对矛盾敢于迎难而上，面对危机敢于挺身而出，面对失误敢于承担责任，面对歪风邪气敢于坚决斗争，努力创造无愧于时代、无愧于人民、无愧于历史的业绩。各级领导干部要切实发挥示范表率作用，带头履职尽责，带头担当作为，带头承担责任，一级带着一级干，一级做给一级看，以担当带动担当，以作为促进作为。

要提升能力。这是履行职责的基础。要按照建设高素质专业化干部队伍要求，加强治理能力和专业能力培训，强化实践锻炼，提高专业思维和专业素养，涵养党员、干部担当作为的底气和勇气。加强专业知识、专业能力培训，促使广大党员、干部全面提高学习本领、政治领导本领、改革创新本领、科学发展本领、依法执政本领、群众工作本领、狠抓落实本领、驾驭风险本领。注重培养专业作风、专业精神，引导广大干部坚持理论联系实际，干一行爱一行、钻一行精一行、管一行像一行。突出精准化和实效性，围绕贯彻落实新发展理念、推动高质量发展和建设现代化经济体系、推进供给侧结构性改革、打好"三大攻坚战"等一系列重大战略部署，帮助干部弥补知识弱项、能力短板、经验盲区，提高干部打硬仗、解难题、防风险的能力。优化党员、干部成长路径，注重在基层一线和困难艰苦地区培养锻炼，让党员、干部在实践中砥砺品质、增长才干。

要依法履职。这是履行职责的要求。这就要求党员、干部自觉学习党章、遵守党章、贯彻党章、维护党章，依据党章这个根本大法和其他党内法规履职尽责；对法律怀有敬畏之心，牢记法律红线不可逾越、法律底线不可触碰，带头遵守法律，带头依法办事，决不以言代法、以权压法、徇私枉法，依据宪法和法律法规履行职责；提高运用法治思维和法治方式深化改革、推动发展、化解矛盾、维护稳定能力，努力推动形成办事依法、遇事找法、解决问题用法、化解矛盾靠法的良好法治环境，在法治轨道上推动各项工作；坚持为民用权，做到依法用权，自觉接受对权力运行的监督，把权力关进法律和制度的笼子里。

四、建立担当作为的机制和平台

伟大事业是干出来的，新时代需要有新担当、新作为的干部。有为才能有位，有保障才能更好地有为，有平台才能更好地担当作为。机制是党员、干部担当作为的保障，平台是党员、干部担当作为的舞台。党的组织要为党员、干部担当作为提供保障和舞台。

要健全担当作为的应急处置和发挥作用机制。这是党员、干部担当作为的特定要求和保障。我国灾害种类多，分布地域广，各类事故隐患和安全风险交织叠加、易发多发，损失严重。从新冠肺炎疫情防控来看，在防控初期，有的地方和部门面对突如其来的疫情进退失措，出台的一些防控措施朝令夕改；有的党员、干部临阵脱逃，不敢担当作为，造成了不良影响。其中一个重要原因是担当作为的应急处置和作用发挥机制不健全。要健全重大突发事件领导班子应急处置机制，加强组织领导，开展调研排查，摸清各类风险隐患的历史和现状，制定应急预案，明确责任任务，加强训练演练，完善相关制度，加强治安管理、市场监管，做好突发事件的报告和发布工作，加强防控宣传教育，强化防控法律服务，提高应急处置能力，促进领导班子在应对重大突发事件中积极担当作为。要健全党员、干部应急动员发挥作用机制，坚持人民至上、生命至上，加强配套制度建设，推动领导班子和领导干部坚守岗位、靠前指挥，依法处置各类突发事件，严肃查处不担当不作为行为，引导党员、干部关键时刻冲得上去、危难关头豁得出来、重大斗争中经得住考验。

要健全担当作为的激励和保护机制。这是党员、干部担当作为的动力和保障。要认真贯彻落实中共中央办公厅印发的《关于进一步激励广大干部新时代新担当新作为的意见》，健全干部担当作为的激励和保护机制，落实好干部标准，坚持能者上、优者奖、庸者下、劣者汰，坚决破除论资排辈和迁就照顾之风，大力选拔敢于负责、勇于担当、善于作为、实绩突出的干部，鲜明树立重实干重实绩的用人导向，让想干事、善干事、能干成事的干部有机会有舞台，让投机钻营者无机可乘。要完善干部考核评价机制，改进考核方式方法，突出实干实绩考察考核干部，把敢担当善作为的干部及时发现出来、重用起来，充分发挥考核对干部的激励鞭策作用；要建立健全容错纠错机制，宽容干部在改革创新中的失误错误，把干部在推进改革中因缺乏经验、先行先试出现的失误错误，同明知故犯的违纪违法行为区分开来；把尚无明确限制的探索性试验中的失误错误，同明令禁止后依然我行我素的违纪违法行为区分开来；把为推动发展的无意过失，同为谋取私利的违纪违法行为区分开来。宽容干部在工作中特别是改革创新中的失误错误，旗帜鲜明地为敢于担当的干部撑腰鼓劲，保护推进改革事业而敢于坚持原则的干部，让越来越多的干部遇到矛盾不怕事、遇到问题不回避、遇到风险敢担当。要及时宣传表彰担当作为的先进典型，激励广大干部见贤思齐、奋发有为，撸起袖子加油干，凝聚形成干事创业、担当作为的强大合力。

要健全担当作为的问责机制。问责是促使党员、干部担当作为的重要抓手。随着全面从严治党的深入推进，干部的不担当、乱作为等问题得到有效遏制，但仍有一些干部为官不为，总想当"太平官"，"不求有功但求无过"，庸政懒政怠政。有职就有责，有责必须担当。要把干部担当作为情况作为结合巡视巡察开展选人用人专项检查的重要内容，及时发现领导班子和干部在担当作为方面的问题。要认真贯彻落实《中国共产党问责条例》，完善问责机制，坚持依规依纪实事求是、失责必问问责必严、权责一致错责相当、严管和厚爱结合、激励和约束并重、惩前毖后治病救人、集体决定分清责任的原则，明确问责对象，分清责任，用好检查、通报、改组，以及通报、诫勉、组织调整、纪律处分等方式，明确管理权限，区分不予问责或者免予问责、从轻或者减轻问责、从重或者加重问责等情形，保护被问责者的正当权利，对党的领导弱化，政治建设抓得不实，思想建设缺失，组织建设薄弱，作风建设松懈，纪律建设抓得不严，党风廉政建设和反腐败斗争不坚决、不扎实，主体责任、监督责任落实不到位，履行管理、监督职责不力，涉及人民群众最关心最直接最现实的利益问题上不作为、乱作为、慢作为、假作为等情况，对不敢面对问题、触及矛盾，工作长期没有实质性进展、群众反映强烈的问题长期得不到解决的领导班子，对庸政懒政怠政的领导干部，对解决群众困难"推拖绕"的干部，依规依纪依法严肃问责，该免职的免职、该调整的调整、该降职的降职，以问责促使干部担当作为。

要健全党员担当作为的平台，即建立党员先锋岗、党员责任区。这是党员、干部担当作为的条件。一个党员就是一面旗帜，一个岗位就是一个平台，一个责任区就是一个载体。党员先锋岗、党员责任区，是在党的建设实践中逐步形成的，促使党员守初心担使命、发挥先锋模范作用的有效载体和平台。据现有的资料，有的企业在2010年就建立了党员岗和党员责任区。2012年5月中共中央办公厅印发的《关于加强和改进非公有制企业党的建设工作的意见（试行）》，提出了"广泛开展'双强六好'党组织创建活动和党员示范岗、党员责任区、党员公开承诺活动，促进企业党组织履职尽责创先进、广大党员立足岗位争优秀"的要求。2016年8月中共中央办公厅、国务院办公厅印发的《关于改革社会组织管理制度促进社会组织健康有序发展的意见》，提出了"积极开展党员先锋岗、党员责任区、党员公开承诺等活动"的要求。2019年3月中共中央印发的《关于加强和改进中央和国家机关党的建设的意见》，明确了"通过佩戴党员徽章、设立党费集中交纳日、创建党员先锋岗、党员民主评议等措施，引导党员增强党员意识、发挥主体作用"的要求。2020年9月中共中央办公厅印发的《关于巩固深化"不忘初心、牢记使命"主题教育成果的意见》，明确提出了建立党员先锋岗、责任区的要求。党员先锋岗、党员责任区实现了党性和责任性的有机结合，发挥作用与立足岗位的有效结合，是增强党员荣誉感和责任感、加强对党员教育管理监督服务的重要抓手。要拟订方案，因地制宜地建立党员先锋岗、党员责任区，精准定岗，明确岗位目标、标准和职责，推行承诺践诺，指导党员认真履行岗位职责，及时考核评估履岗情况，接受群众监督，组织党员立足本职岗位，担当尽责，发挥好先锋模范作用。

在调查研究中守初心担使命

调查研究是谋事之基、成事之道,也是守初心担使命的重要方法。要修好党的建设的永恒课题和党员、干部的终身课题,必须坚持问题导向,提高调查研究能力,研究确定调研课题,结合分管工作领题调研,把调研成果转化为解决问题、改进工作的实招硬招,夯实守初心担使命的基石,巩固深化主题教育成果。

一、调查研究是守初心担使命的重要方法

中国共产党人为什么能够走出一条不同于俄国十月革命的道路，建立新中国，使中国人民站了起来？打开《毛泽东选集》第一卷，也许能找到答案。

《毛泽东选集》第一卷的开篇之作是《中国社会各阶级的分析》。这篇文章写于 1925 年。这一年的 2 月 6 日，32 岁的毛泽东同杨开慧一道携毛岸英、毛岸青一同回到韶山，一边养病，一边到朋友、同学、亲戚和左邻右舍农家走访，邀请亲友到韶山南岸家中谈家常、讲时事。这期间，来往较多的有从安源煤矿回来的共产党员毛福轩，贫苦知识分子毛新枚，汤家湾的小学同学钟志申，李氏族校和庞氏族校的小学教员李耿侯、庞叔侃，湘乡唐家圫外祖父家的人。此外，还访问了韶山一带的知名人士，如老学者毛简臣、李漱清，开明士绅庞坦直等。经过同各种人的接触和调查，了解到韶山附近农民的生产、生活情况，农村的阶级状况和各种社会情况。8 月，组织农民开展"平粜阻禁"谷米斗争，向中共湘区委员会报告韶山农民运动情况。12 月 1 日，在国民革命军第二军司令部编印的《革命》第四期发表《中国社会各阶级的分析》。1926 年 2 月 1 日出版的《中国农民》和 3 月 13 日出版的《中国青年》先后转载，还在广东汕头出版了单行本，后来编入《毛泽东选集》第一卷。[1]

没有调查研究，就没有这篇文章。没有持续深入的调查研究，就不可

---

[1] 参见《毛泽东年谱（一八九三——一九四九）》（上卷），中央文献出版社 1993 年版，第 131—132、143、144 页。

能有独特的社会主义革命、建设道路，就不可能守好共产党人的初心、担好实现中华民族伟大复兴的历史使命，也不可能建立社会主义新中国。没有一代代的调查研究，就不会有中国特色社会主义新道路。调查研究是共产党人的重要传家宝。

调查研究是我们党开展"不忘初心、牢记使命"主题教育的重要经验和特点。习近平总书记在"不忘初心、牢记使命"主题教育总结大会上指出："这次主题教育，总结历次党内集中教育经验，对新时代开展党内集中教育进行了新探索、积累了新经验。"[1]其中一条经验就是有机融合、一体推进，具体表现在："这次主题教育有一个鲜明特点，就是不划阶段、不分环节，把学习教育、调查研究、检视问题、整改落实四项重点举措贯穿全过程，有机融合、一体推进。把学和做结合起来、查和改贯通起来，边学边研边查边改，以学促研、以研促查、以查促改。"[2]

没有调查，就没有发言权。没有调查，就难以守初心担使命。调查研究，是做好工作的基本功，是守初心担使命的重要方法。

调查研究能够提升守初心担使命的境界。境界，决定初心使命的维度和视野。境界，来自于党章、党性，更来自于实践，来自于基础，来自于人民群众。"共和国勋章"获得者钟南山，在2020年初用1个多月时间初步遏制新冠肺炎疫情蔓延势头，用3个月左右时间取得武汉保卫战、湖北保卫战的决定性成果，疫情防控阻击战取得重大战略成果之后，在全国抗击新冠肺炎疫情表彰大会上他说："不忘初心，牢记使命。我想，'健康所

---

[1] 《习近平：在"不忘初心、牢记使命"主题教育总结大会上的讲话》，新华网2020年1月8日。

[2] 《习近平：在"不忘初心、牢记使命"主题教育总结大会上的讲话》，新华网2020年1月8日。

系、性命相托'就是我们医者的初心;保障人民群众的身体健康和生命安全,就是我们医者的使命。"[1] 欣逢盛世,当不负盛世。面对尊崇和荣誉,我们将始终牢记党和人民的重托,始终紧密团结在以习近平同志为核心的党中央周围,以敬畏生命、护佑生命、捍卫生命为己任,努力为加快实现全民健康、实现中华民族伟大复兴的中国梦奋斗不止!当我们走出办公室,走进基层,走进工厂、学校、社区,走进农村、农民家中的时候,一个真正的共产党人,常常会为其发展进步变化感到自豪,也常常会为存在的问题感到担忧着急,产生心灵的震撼,感到自身的责任重大,从而产生强烈的为民情怀,积极的担当意识,提升守初心担使命的精神境界。

调查研究能够了解守初心担使命的状况。心中有数,才能更好地守初心担使命。深入调查研究,了解党员、干部的队伍现状,了解党员、干部守初心担使命的态度、状态,了解党员、干部守初心担使命方面存在的困难和问题等,将为更好地守初心担使命奠定基础。

调查研究能够找到守初心担使命的方法路径。方法科学,守初心担使命才能有效。面对发展新阶段,面对复杂的国际形势,面对新时代我国社会主要矛盾的新变化,面对开启全面建设社会主义现代化国家新征程的艰巨任务,面对构建以国内大循环为主体、国内国际双循环相互促进的新发展格局的新课题等问题,怎样守初心担使命,怎样破解守初心担使命遇到的难题,办法从哪里来,人民群众是解决这些问题的源泉。深入调查研究,向人民群众请教,是找到破解难题的重要方法。

调查研究能够总结守初心担使命的经验规律。经验规律,需要总结升华。一代又一代中国共产党人,在为中国人民谋幸福、为中华民族谋复兴

---

[1] 《钟南山院士:保障人民群众的身体健康,就是医者的使命》,人民网 2020 年 9 月 10 日。

的过程中，积累了宝贵经验。新时代的共产党人，在守初心担使命的过程中，积累了宝贵财富；在"不忘初心、牢记使命"主题教育过程中积累了聚焦主题、紧扣主线，以上率下、示范带动，有机融合、一体推进，紧盯问题、精准整改，严督实导、内外用力，力戒虚功、务求实效的新探索、新经验；各地方、各部门、各单位，在守初心担使命的过程中也形成了自己的特色和亮点。这些都是宝贵的资源。开展调查研究，可以总结这些经验，探索守初心担使命的规律，为更好地守初心担使命提供有力指导。

调查研究能够有助于守初心担使命的科学决策。科学决策，是守初心担使命的重要前提。没有调查研究，就没有决策权。开展对守初心担使命的调查研究，可以把握现状，找到症结，找准问题，找到规律，集中智慧，从而为科学决策奠定良好的基础。

二、坚持问题导向

调查就是解决问题，这是毛泽东同志的明确观点。他形象深刻地说："你对于那个问题不能解决吗？那末，你就去调查那个问题的现状和它的历史吧！你完完全全调查明白了，你对那个问题就有解决的办法了。一切结论产生于调查情况的末尾，而不是在它的先头。只有蠢人，才是他一个人，或者邀集一堆人，不作调查，而只是冥思苦索地'想办法'，'打主意'。须知这是一定不能想出什么好办法，打出什么好主意的。换一句话说，他一定要产生错办法和错主意。""调查就像'十月怀胎'，解决问题就像'一朝分娩'。调查就是解决问题。"[1]

---

[1]《毛泽东选集》（第一卷），人民出版社1991年版，第110、111页。

中国共产党是在解决问题中前进的。坚持问题导向，是习近平总书记的一贯主张。2013年12月9日下午，他在中南海听取河北省委党的群众路线教育实践活动总体情况汇报时指出："要更加强化问题导向，注重解决实际问题，特别是对需要侧重解决的问题进行调查梳理，提前做到心中有数，从解决具体问题抓起改起。"[1] 2015年3月29日，他在会见博鳌亚洲论坛理事会成员时指出："两年多来，我们立足中国发展实际，坚持问题导向，逐步形成并积极推进全面建成小康社会、全面深化改革、全面依法治国、全面从严治党的战略布局。"[2] 2020年9月22日，他在教育文化卫生体育领域专家代表座谈会上指出："'十四五'时期，要科学研判体育发展面临的新形势，坚持问题导向，聚焦重点领域和关键环节，深化改革创新，不断开创体育事业发展新局面。"[3]

坚持问题导向，是习近平总书记对守初心担使命方面的明确要求，也是开展"不忘初心、牢记使命"主题教育的成功经验。2016年，习近平总书记在庆祝中国共产党成立95周年大会上的讲话中指出："坚持问题导向，坚持以我们正在做的事情为中心，聆听时代声音，更加深入地推动马克思主义同当代中国发展的具体实际相结合，不断开辟21世纪马克思主义发展新境界，让当代中国马克思主义放射出更加灿烂的真理光芒。"[4] "不忘初心、牢记使命"主题教育，之所以能够达到理论学习有收获、思想政治受洗礼、干事创业敢担当、为民服务解难题、清正廉洁作表率的目标，取得重大教

---

[1] 《习近平听取河北省委党的群众路线教育实践活动总体情况汇报》，新华网2013年12月9日。
[2] 《习近平会见博鳌亚洲论坛理事会成员 强调中国愿为世界发展提供更多中国机遇》，《人民日报》2015年3月30日。
[3] 习近平:《在教育文化卫生体育领域专家代表座谈会上的讲话》，新华网2020年9月22日。
[4] 《习近平在庆祝中国共产党成立95周年大会上的讲话》，《人民日报》2016年7月2日。

育成果，一个重要原因是我们坚持问题导向，一开始就奔着问题去、盯着问题改，做到问题不解决不松劲、解决不彻底不放手、群众不认可不罢休。

坚持问题导向，要有强烈的问题意识。问题就是矛盾。没有问题，就没有工作，就没有调研。带着问题意识开展调查研究，就是要真正懂得问题的普遍性，真正懂得问题是普遍存在的，时时刻刻绷紧问题这根弦，用问题的眼光来听取汇报，用问题的眼光来进行座谈，用问题的眼光进行深入细致地观察，避免仅看成绩不看问题、多看成绩少看问题的情况。从守初心担使命方面来看，根据习近平总书记在"不忘初心、牢记使命"主题教育总结大会上的讲话，我们目前还存在着"有的领导干部理论学习不深、不透、不系统，学用脱节，运用党的创新理论推动工作的能力不足；有些问题的整改还没有到位，一些深层次矛盾和问题还没有从根本上破解；有的基层党组织建设还比较薄弱，联系服务党员、群众的机制还不够健全顺畅；有的地方仍然存在形式主义、官僚主义，急于求成、急功近利，增加基层负担"[1]等问题。对此，我们要有清醒的认识和意识。

坚持问题导向，要奔着问题去。要坚持哪些方面问题突出就聚焦哪些方面调研，问题出在哪个环节就重点在哪个环节调研。要围绕问题开展深入的调查研究，搞清楚究竟存在什么问题，是守初心方面的问题还是担使命方面的问题，是普遍性的问题还是个别的特殊性问题，是党员、干部个人的问题还是个别组织存在的问题，是内部问题还是外部环境问题，是这个党员、干部的问题还是那个党员、干部的问题，等等。要实事求是地具体搞清楚，一是一，二是二，决不附加任何主观因素，更不以主观想象代替真实存在的问题。如习近平总书记在"不忘初心、牢记使命"主题教育

---

[1]《习近平：在"不忘初心、牢记使命"主题教育总结大会上的讲话》，新华网2020年1月8日。

总结大会上指出的"少数党员、干部自我革命精神淡化,安于现状、得过且过;有的检视问题能力退化,患得患失、讳疾忌医;有的批评能力弱化,明哲保身、装聋作哑;有的骄奢腐化,目中无纪甚至顶风违纪,违反党的纪律和中央八项规定精神问题屡禁不止"[1]等问题。这些问题,在我们的调查对象那里是全部存在还是部分存在,是谁有这些问题等,都要搞清楚。

坚持问题导向,要解决问题来源。对于调查研究发现的问题,要深刻剖析原因,搞清楚是主观方面的原因还是客观方面的原因,是思想认识原因还是方式方法方面的原因,是主观故意方面的原因还是难以抗拒的外部环境方面的原因,等等。要听取人民群众、专家学者等方方面面的意见建议,集中大家的智慧,形成有效对策。对于能够立即解决的问题,要立行立改。对于疑难问题,要列出问题清单,明确责任任务,运用钉钉子精神,甚至开展专项整治,一个一个地解决问题。自觉接受人民群众的监督和评判,确保问题得到真正解决和取得实实在在的成效。

三、研究确定调研课题

搞好调查研究,选好调研课题至关重要。对此,《关于巩固深化"不忘初心、牢记使命"主题教育成果的意见》指出:"县处级以上领导班子要围绕贯彻落实党中央决策部署和当前正在做的事情,着眼解决实际问题,每年研究确定若干重点调研课题。"为我们明确了确定调研课题的基本思路。

第一,调研课题从哪里来。一是来源于党中央决策部署。党中央重大

---

[1]《习近平:在"不忘初心、牢记使命"主题教育总结大会上的讲话》,新华网2020年1月8日。

决策部署很多，不同时期也有不同的要求。比如，在中国特色社会主义新时代，如何贯彻落实好习近平新时代中国特色社会主义思想，开启全面建设社会主义现代化国家新征程，实现中华民族伟大复兴的中国梦；如何确保"十四五"开好局、起好步；如何做好"六稳""六保"；如何构建新发展格局；等等。各地区各部门各单位的情况多种多样，如何把党中央的决策部署结合实际贯彻落实好，需要作为调研课题，进行调查研究。二是围绕当前正在做的事情选取调研课题。各地区各部门各单位在贯彻落实党中央决策部署的过程中，需要做大量的具体工作，比如，全面从严治党、全面深化改革、乡村振兴、改善民生、解决人民群众的衣食住行教医保等方方面面的具体问题，如何做好这些工作，需要作为调研课题进行调查研究。

第二，调研课题的着眼点在哪里。调研的目的在于解决问题。调研课题的着眼点是解决实际问题。实际问题存在于国内国外、党内党外和我国经济、政治、文化、社会、生态建设的方方面面，比如，党员、干部的担当作为方面，习近平总书记在"不忘初心、牢记使命"主题教育总结大会上指出："现在，在一些党员、干部中，不愿担当、不敢担当、不会担当的问题不同程度存在。有的做'老好人'、'太平官'、'墙头草'，顾虑'洗碗越多，摔碗越多'，信奉'多栽花少种刺，遇到困难不伸手'，'为了不出事，宁可不干事'，'只想争功不想揽过，只想出彩不想出力'；有的是'庙里的泥菩萨，经不起风雨'，遇到矛盾惊慌失措，遇见斗争直打摆子。这哪还有共产党人的样子？！不担当不作为，不仅成不了事，而且注定坏事、贻误大事。"[1] 调研课题的确定，要着眼于诸如此类问题的解决。

第三，调研课题怎样确定。一般来说，是每年确定一次，通常在年末

---

[1]《习近平：在"不忘初心、牢记使命"主题教育总结大会上的讲话》，新华网2020年1月8日。

或者来年初总结过去一年的工作、谋划新年的工作时确定重点调研课题。在特殊情况下，在党的重要会议召开后，对党中央的重大决策部署，各级党委要及时学习，及时确定重点调研课题组织调研。确定调研课题，要坚持民主集中制原则，充分发扬民主，集思广益，通过充分研究来确定，不准独断专行，以此提高调研课题的质量。

四、结合分管工作领题调研

怎样开展具体调查研究？习近平总书记指出："当县委书记一定要跑遍所有的村，当市委书记一定要跑遍所有的乡镇，当省委书记一定要跑遍所有的县市区。"[1] 习近平总书记不仅是这么说的，也是这么做的，给怎样开展调查研究作出了表率。

在正定，习近平同志经常把县里唯一的一部吉普车留给老干部用，自己骑自行车穿梭于冀中平原，1000多个日夜，足迹遍布正定县25个公社、221个大队。[2]

1988年6月26日，习近平同志任宁德地委书记。当时，闽东经济总量在全省排行倒数第一，发展条件也不好，交通闭塞，成了"黄金海岸的断裂带"。对于新上任的书记，大家充满期待。一些干部群众希望，他能凭借自身丰富的人脉资源和在经济特区及中央机关任职的经历资历，新官上任烧它"三把火"，迅速改变宁德落后面貌。习近平同志却没有急着烧"三把火"，而是带领地委行署一班人，深入全区九个县以及毗邻的浙南，开展为期近一个月的调查研究，初步确立了闽东的发展思路。1988年9月，根

---

[1]《习近平谈治国理政》（第二卷），外文出版社2017年版，第144—145页。
[2] 参见《情到深处——习近平同志与新闻舆论工作》，《人民日报》2019年11月10日。

据调查研究的情况，习近平同志写下到宁德工作后的第一篇调查报告《弱鸟如何先飞——闽东九县调查随感》。文中，他用"弱鸟"来形容贫困的闽东，用"弱鸟先飞"来强调贫困的闽东要有一个思想解放、观念更新，要有"先飞"的意识，要有"飞洋过海的艺术"。这样，也可达到"弱鸟可望先飞，至贫可能先富"。在闽东工作期间，习近平同志始终注重调研、思考。他先后撰写了《提倡经济大合唱》《对闽东经济发展的思考》《正确处理闽东经济发展的六个关系》等文章，进一步理清了闽东经济发展思路。"习近平同志提出的闽东发展路径，既实事求是，使闽东人保持了清醒的头脑，又凝聚人心，振奋了士气，使闽东经济发展进入了快车道。这都是践行群众路线的鲜活样本和示范。"时任宁德地委副书记钟雷兴表示。习近平同志离开宁德时，全区已有94%的贫困户基本解决温饱问题。1990年8月12日的《人民日报》以《宁德越过温饱线》为题对此进行了报道。[1]

2020年以来，为了疫情防控、脱贫攻坚、编制好五年规划等工作，习近平总书记到云南、北京、湖北、浙江、陕西、山西、宁夏、吉林、安徽、湖南等地考察调研，召开了企业家座谈会、经济社会领域专家座谈会、科学家座谈会等一系列座谈会，开展网上意见征求活动，广泛开展调查研究。如2020年9月17日，他召开基层干部群众代表座谈会，问计于民。这些基层干部群众代表，"既有来自农村、社区、企业等方面的，也有来自教育、科技、卫生、政法等战线的；既有各级党代会代表、人大代表、政协委员、劳动模范、扶贫干部，也有新的社会阶层人士、农民工、快递小哥、网店店主等"，"大家作了很好的发言，开门见山，直截了当，提出了许多好的意见和建议，很鲜活，很接地气，有利于我们更多了解基层情况。有

---

[1] 参见《始终与人民心心相印——习近平同志在福建践行群众路线纪事》，《福建日报》2014年10月30日。

关方面要认真研究、充分吸收"，"'十四五'规划建议要对这些问题作出积极回应"。[1]

要向习近平总书记学习，开展调查研究，积极领取调研课题。研究问题、制定政策、推进工作，刻舟求剑不行，闭门造车不行，异想天开更不行，必须进行全面深入的调查研究。领导干部要结合自身的工作和专长，领取自己分管领域的调研课题，这有助于取得高质量的调研成果，也有助于调研成果转化。

要提高调查研究能力。这是搞好调查研究的基础。这就要求党员、干部，学习党的基本理论基本路线基本方略，学习习近平总书记关于调查研究的重要论述，学习长期以来我们党开展调查研究的经验方法，站在这些巨人的肩膀上开展调研。在调查研究实践中锻炼提高，实践出真知，调查研究能力需要在实践中砥砺，要经常开展一些调研活动，总结调研中经验教训，不断改进调研能力。还有注意运用计算机、互联网、大数据等现代科技手段，提升调查研究的成效。

要科学谋划组织。加强调研统筹，避免同一时间到同一地方扎堆调研。针对调研问题，制定调研方案，明确调研目的、任务、时间、路线、参加座谈会的人员要求等问题。要根据调研课题，精心组织调研队伍，通常使用本单位的调研力量，如有需要，可以抽取有关单位专家参加调研。

要严格遵守中央八项规定精神。要加强调研统筹，发扬求真务实作风，防止扎堆调研、作秀调研，力戒搞形式、走过场，不能给基层增加负担。要深入了解真实情况，总结经验、研究问题、解决困难、指导工作，向群众学习、向实践学习，多同群众座谈，多同干部谈心，多商量讨论，多解

---

[1] 习近平：《在基层代表座谈会上的讲话》，新华网 2020 年 9 月 19 日。

剖典型。要精简调研会议，不该参加的不要参会，说真话，讲实情，切实改进会风。要合理安排调研活动，轻车简从，不搞层层陪同，不得要求主要负责同志出面接待。要厉行勤俭节约，严格遵守廉洁从政有关规定，严格执行住房、车辆使用等有关工作和生活待遇的规定，住宿、用车、吃饭等要按照规定付费。

要深入人民群众。习近平总书记指出："调查研究要经常化。要坚持到群众中去、到实践中去，倾听基层干部群众所想所急所盼，了解和掌握真实情况，不能走马观花、蜻蜓点水、一得自矜、以偏概全。"[1]人民群众是真正的英雄。调查研究归根到底是解决好人民群众的问题，服务好人民群众。2015年6月16日，习近平总书记在遵义县枫香镇花茂村考察时指出："群众拥护不拥护是我们检验工作的重要标准。党中央制定的政策好不好，要看乡亲们是哭还是笑。要是笑，就说明政策好。要是有人哭，我们就要注意，需要改正的就要改正，需要完善的就要完善。"[2]要眼睛向下，甘当小学生，走出院子，迈开步子，沉下心来，扑下身子，去车间码头，到田间地头，走进小区学校，防止走事先安排好的调研路线，深入基层、深入群众，同工人握手，同农民交朋友，同普通党员、贫困户交心，同真正明白实情的人士广泛交流，问政于民、问需于民、问计于民，真正了解在上面难以听到、不易看到和意想不到的新情况新问题新矛盾，掌握第一手资料，做到心中有数。

要坚持实事求是。实事求是，是马克思主义的精髓，是我们党的优良

---

[1]《习近平在中央党校（国家行政学院）中青年干部培训班开班式上发表重要讲话强调 年轻干部要提高解决实际问题能力 想干事能干事干成事》，《人民日报》2020年10月11日。

[2]《习近平考察贵州：政策好不好 要看乡亲们是哭还是笑》，新华网2015年6月17日。

作风和工作方法，是做好调查研究的基本要求。要在求深、求实、求细、求准、求效上下功夫，不唯上、不唯书、只唯实，交换、比较、反复，察实情，听真话、听实话、听心里话，取真经。要全面了解情况，不作秀，不走"经典路线"，避免偏听偏信。要以事实为根据，透过现象看本质，有一是一，有二是二，避免被一些虚假的材料迷惑。要搞一些不打招呼的随机调研，防止事先有意"安排"、牵着鼻子走的调研，防止雾里看花，以达到了解真实情况的目的。

要创新调研方法。习近平总书记指出："调查研究方法也要与时俱进"，"要适应新形势新情况特别是当今社会信息网络化的特点，进一步拓展调研渠道、丰富调研手段、创新调研方式"。[1]应该说，在长期的调查研究实践中，我们已经形成了一些行之有效的方法，比如：随机调研、蹲点调研、解剖麻雀式调研、调查会、研讨会、典型调查、实地考察、问卷调查、抽样调查等多种方法。随着现代科技的发展，要善于把现代信息技术引入调研工作，充分利用新媒体、新技术、新手段，改进调研的方式，扩大调研的覆盖面，提高调研的效率和科学性。比如，为开门问策、集思广益，2020年8月16日至29日，开展"十四五"规划编制工作网上意见征求活动，分别在人民日报、新华社、中央广播电视总台所属官网、新闻客户端以及"学习强国"学习平台开设"十四五"规划建言专栏，听取全社会意见建议，累计收到网民建言超过101.8万条，为做好"十四五"规划编制工作提供了有益参考。[2]要注意各种方式方法的综合运用，多层次多方位

---

[1]《习近平：谈谈调查研究——在中央党校秋季学期第二批入学学员开学典礼上的讲话》，《学习时报》2011年11月21日。

[2] 参见《习近平对"十四五"规划编制工作网上意见征求活动作出重要指示强调 更好发挥互联网在倾听人民呼声 汇聚人民智慧方面的作用》，《人民日报》2020年9月26日。

多渠道地开展调研工作，保证调研成果客观真实、科学有效。

要撰写好调研报告。要坚持以习近平新时代中国特色社会主义思想为指导，对调查研究的情况，进行去粗取精、去伪存真，把问题的全貌和真相搞清楚。要透过现象看本质，对把握的情况进行全面系统地科学分析，由此及彼、由表及里，认真综合提炼概括；善于解剖麻雀，从个别典型问题入手，深入解剖，从个别到一般，以此真正把握准确问题的本质和规律。要深刻剖析问题存在的原因，总结已有的经验做法，提出和形成科学的对策建议，增强针对性和可操作性，避免不接地气的"空中政策"和相互打架的"本位政策"。在此基础上，作为课题负责人的领导干部，要亲自动手，撰写调研报告，科学反映调研问题的现状、问题、原因及其对策。

五、把调研成果转化为解决问题、改进工作的实招硬招

调查研究的目的全在于应用，在于解决守初心担使命方面面临的问题，在于解决实际工作中的问题。习近平总书记指出："情况搞清楚了，就要坚持从实际出发谋划事业和工作，使想出来的点子、举措、方案符合实际情况，不好高骛远，不脱离实际。重要决策方案，特别是涉及群众切身利益的重要政策措施，要广泛听取群众意见，不能嫌麻烦、图省事。"[1] 调研结束后，领导班子要研究分析问题症结、提出政策措施，把调研成果转化为解决问题、改进工作的实招硬招。

要综合分析研判。召开领导班子会议，对调研成果进行分析研究，看看情况是不是搞清楚了？问题是不是找准了？原因是不是分析透彻了？对

---

[1]《习近平谈治国理政》(第二卷)，外文出版社2017年版，第145页。

策建议是不是切实可行？对不清楚的问题要重新回炉调研，直到把问题搞清楚、原因搞清楚、找到问题的症结为止。

要进行科学决策。习近平总书记指出："做到科学决策，首先要有战略眼光，看得远、想得深。领导干部想问题、作决策，一定要对国之大者心中有数，多打大算盘、算大账，少打小算盘、算小账，善于把地区和部门的工作融入党和国家事业大棋局，做到既为一域争光、更为全局添彩。要深入研究、综合分析，看事情是否值得做、是否符合实际等，全面权衡，科学决断。作决策一定要开展可行性研究，多方听取意见，综合评判，科学取舍，使决策符合实际情况。"[1]这就要求领导干部坚持以习近平新时代中国特色社会主义思想为指导，坚持贯穿其中的立场观点方法，坚持以人民为中心，全面把握实际情况，准确把握存在问题的性质、发展变化趋势、特点和规律，找出理论与实际的最佳结合点，明确解决问题所要达到的目标和任务，站位全局，立足长远，开展可行性研究，拟定多种可能的方案，坚持集体领导、民主集中、个别酝酿、会议决定，科学决策、民主决策、依法决策，确定实施方案。

要征求专家群众意见。群众是真正的英雄，专家是有关方面的行家。对于决策结果，要在适当的范围内公布出来，听取群众特别是有关专家的意见，汲取大家的智慧，修改完善形成最终实施方案，明确工作任务，细化具体举措，形成切实可行的解决问题、改进工作的实招硬招。

要认真组织实施。成立领导机构，明确责任领导、责任人和配合部门，建立工作台账，列出工作任务、具体措施、完成时限，保持定力，逐项解

---

[1]《习近平在中央党校（国家行政学院）中青年干部培训班开班式上发表重要讲话强调 年轻干部要提高解决实际问题能力 想干事能干事干成事》，《人民日报》2020年10月11日。

决，对账销号。对于能够立即解决的问题，要马上解决；对于一时解决不了的，要明确时限，在限定的时间内解决；对于疑难问题，可以列出专班，开展专项整治，直到解决为止。政策执行中要注意听取基层干部群众反映意见，了解具体落实情况，适时调整完善，以取得更好效果。

第七章

在为民办事中守初心担使命

为民办事是守初心担使命的具体要求和体现。修好党的建设的永恒课题和党员、干部的终身课题，守初心担使命，必须坚持以人民为中心的发展思想，根据人民群众的愿望和要求，立足实际，制定年度民生实事计划，采取适当方式公开方案、进度和结果，自觉接受群众评价和监督，完善党员、干部直接联系群众制度，永远保持党同人民群众的血肉联系，巩固党执政的群众基础。

一、为民办事是守初心担使命的要求体现

为民办事是习近平总书记对党员、干部提出的明确要求。2013年他在同全国劳动模范代表座谈时指出:"要把竭诚为职工群众服务作为工会一切工作的出发点和落脚点,全心全意为广大职工群众服务,认真倾听职工群众呼声,维护好广大职工群众包括农民工合法权益,扎扎实实为职工群众做好事、办实事、解难事,不断促进社会主义和谐劳动关系。"[1] 2014年5月9日下午,他在尉氏县张市镇召开镇村干部和村民代表座谈会上指出:"乡镇要从实际出发,把改进作风和增强党性结合起来,把为群众办实事和提高群众工作能力结合起来,把抓发展和抓党建结合起来,以实实在在的成效取信于民。为群众办实事既要有诚心,也要讲方法。要使办实事的过程成为宣传群众、组织群众、教育群众的过程,成为干部廉洁奉公、干净干事、在群众中树立良好形象的过程。"[2] 2016年他在哲学社会科学工作座谈会上指出:"要认真贯彻党的知识分子政策,尊重劳动、尊重知识、尊重人才、尊重创造,做到政治上充分信任、思想上主动引导、工作上创造条件、生活上关心照顾,多为他们办实事、做好事、解难事。"[3]

为民办事是守初心的要求体现。守初心与为民办事是内容与形式的关系,守初心是为民办事的内容,为民办事是守初心的表现形式。没有守初

---

[1] 《习近平在同全国劳动模范代表座谈时的讲话》,人民网2013年4月29日。

[2] 《习近平在河南考察时强调 深化改革发挥优势创新思路统筹兼顾 确保经济持续健康发展社会和谐稳定》,人民网2014年5月11日。

[3] 《习近平在哲学社会科学工作座谈会上的讲话》,新华网2016年5月18日。

心,没有为中国人民谋幸福和为中华民族谋复兴之心,就难以做得为民办事;没有为民办事,守初心就会因缺乏载体而流于虚空。简而言之,守初心,为中国人民谋幸福和为中华民族谋复兴,要为中国人民干一件又一件事情,要为中华民族干一件又一件事情,如新民主主义革命时期的土地革命、抗日战争、解放战争,恢复国民经济,进行"三大改造",建立社会主义制度,等等。这许许多多事情,是守初心的要求,也是守初心的具体体现。

为民办事是担使命的应有之义。担当为中国人民谋幸福和为中华民族谋复兴的历史使命,就得干事。不干事,谈不上使命担当。人民是历史的创造者。在我国,人民是国家的主人、社会的主人,党的干部是人民的公仆,无论是开启全面建设社会主义现代化国家新征程还是进行物质文明建设、精神文明建设、政治文明建设、社会文明建设、生态文明建设,无论是党的自我革命还是社会革命,归根到底是为人民服务,都是为人民群众办事。

二、坚持以人民为中心

坚持以人民为中心,是习近平新时代中国特色社会主义思想的根本立场。习近平总书记指出:"坚持以人民为中心。人民是历史的创造者,是决定党和国家前途命运的根本力量。必须坚持人民主体地位,坚持立党为公、执政为民,践行全心全意为人民服务的根本宗旨,把党的群众路线贯彻到治国理政全部活动之中,把人民对美好生活的向往作为奋斗目标,依靠人民创造历史伟业。"[1]明确了坚持以人民为中心的基本内涵，为我们为民办事明确了根本立场、提供了直接指导。

要懂得人民是历史的创造者。这是坚持以人民为中心、为民办事的理论基础。人民群众是社会生产、社会生活和社会历史的主体。马克思在《神圣家族》中指出："历史上的活动和思想都是'群众'的思想和活动"，"历史活动是群众的事业，随着历史活动的深入，必将是群众队伍的扩大"。[2]人民群众是历史的创造者，是社会财富的创造者，是社会精神财富的创造者，是社会变革的决定力量。坚持以人民为中心是这个思想的继承和发展，为民办事是这个思想的要求和运用。

要坚持人民主体地位。这是坚持以人民为中心、为民办事的主体。坚持以人民为中心，意味着以人民为主体，意味着坚持人民的主体地位。为民办事，核心是服务人民的主体地位。人民是历史的主体。在我国，人民是国家的主人、社会的主人，是我国的主体。人民是党的根基和血脉，是党的群众基础和阶级基础，是党的力量所在。习近平总书记要求："中国共产党的一切执政活动，中华人民共和国的一切治理活动，都要尊重人民主体地位，尊重人民首创精神，拜人民为师，把政治智慧的增长、治国理政本领的增强深深扎根于人民的创造性实践之中，使各方面提出的真知灼见都能运用于治国理政。"[3]坚持人民主体地位，要落实到中国特色社会主义的各个方面，落实到为人民服务，落实到为民办事。

要坚持立党为公、执政为民。这是坚持以人民为中心、为民办事的理

---

[1]《习近平：决胜全面建成小康社会 夺取新时代中国特色社会主义伟大胜利——在中国共产党第十九次全国代表大会上的报告》，新华网2017年10月27日。
[2]《马克思恩格斯全集》（第二卷），人民出版社1957年版，第103—104页。
[3]《习近平：在庆祝中国人民政治协商会议成立65周年大会上的讲话》，人民网2014年9月21日。

念。立党为公、执政为民,是马克思主义的基本思想,是我们党的一贯主张和追求,是党的性质的体现和党章的明确规定。坚持立党为公、执政为民,要贯彻落实新时代党的建设总要求,发扬党的优良传统和作风,不断提高党的领导水平和执政水平,提高拒腐防变和抵御风险的能力,不断增强自我净化、自我完善、自我革新、自我提高能力,不断增强党的阶级基础和扩大党的群众基础。要站稳人民立场,解决好世界观、人生观、价值观这个"总开关"问题,树立正确的权力观,坚持权为民所用、情为民所系、利为民所谋,做到发展为了人民、发展依靠人民、发展成果由人民共享。

要坚持全心全意为人民服务。这是坚持以人民为中心、为民办事的根本宗旨。全心全意为人民服务,源于毛泽东同志在张思德追悼会上的讲话,体现着党的性质和马克思主义群众观,反映着共产党人的世界观、人生观、价值观,体现着共产党人的一贯追求,传承着中华民族传统文化的优秀基因。坚持以人民为中心、为民办事,归根到底是全心全意为人民服务。坚持全心全意为人民服务,要求在于全心全意,也就是说"不要半心半意或者三分之二的心三分之二的意为人民服务"[1]。核心在于为人民服务。当前来看,主要是不忘初心、牢记使命,在夺取新时代中国特色社会主义伟大胜利、实现中华民族伟大复兴的中国梦的历史进程中诚心诚意为群众服务,把自己的一切无私地献给人民,像王进喜所说的那样:"为党、为人民艰苦奋斗一辈子,当一辈子老黄牛。"

要坚持党的群众路线。这是坚持以人民为中心、为民办事的工作路线。群众路线是党的根本工作路线,是坚持以人民为中心、为民办事的根本方法。习近平总书记指出:"历史是人民书写的,一切成就归功于人民。只要

---

[1] 中共中央文献研究室编:《毛泽东著作专题摘编》(下),中央文献出版社2003年版,第1884页。

我们深深扎根人民、紧紧依靠人民，就可以获得无穷的力量，风雨无阻，奋勇向前。"[1] 坚持党的群众路线，要牢固树立马克思主义的群众观，把群众路线贯彻于治国理政的全过程和各个方面，坚持尊重社会发展规律与尊重人民历史主体地位相统一、为崇高理想奋斗与为最广大人民谋利益相统一、完成党的各项工作与实现人民利益相统一、保障人民权益与促进人的全面发展相统一，一切为了群众、一切依靠群众，运用面谈、信件、纸媒、电视、网络、大数据等方式方法，走好网上群众路线，问政于民、问需于民、问计于民，将群众的分散的无系统的意见集中起来，经过研究，化为集中的系统的意见，又到群众中去做宣传解释，化为群众的意见，使群众坚持下去，见之于行动，并在群众行动中检验这些意见是否正确。从群众中集中起来，再到群众中坚持下去，如此循序渐进，推动工作，服务好人民群众。

要坚持把人民对美好生活的向往作为奋斗目标。这是坚持以人民为中心、为民办事的目标。把人民对美好生活的向往作为奋斗目标，体现着党的性质和宗旨，是我们党的一贯主张和追求，是以习近平同志为核心的党中央对人民作出的庄严承诺。习近平总书记指出："人民对美好生活的向往，就是我们的奋斗目标。人世间的一切幸福都需要靠辛勤的劳动来创造。我们的责任，就是要团结带领全党全国各族人民，继续解放思想，坚持改革开放，不断解放和发展社会生产力，努力解决群众的生产生活困难，坚定不移走共同富裕的道路。"[2] 坚持把人民对美好生活的向往作为奋斗目标，

---

[1]《习近平在十九届中共中央政治局常委同中外记者见面时强调 新时代要有新气象更要有新作为 中国人民生活一定会一年更比一年好》，人民网 2017 年 10 月 26 日。

[2] 中共中央文献研究室编：《十八大以来重要文献选编》（上），中央文献出版社 2014 年版，第 70 页。

不同时期有不同的要求。当前来说，主要是在继续推动发展的基础上，着力解决好发展不平衡不充分问题，大力提升发展质量和效益，更好满足人民在经济、政治、文化、社会、生态等方面日益增长的需要，实现人民群众对有更好的教育、更稳定的工作、更满意的收入、更可靠的社会保障、更高水平的医疗卫生服务、更舒适的居住条件、更优美的环境、更丰富的精神文化生活的期盼，推动人的全面发展、社会全面进步。

要依靠人民创造历史伟业。这是坚持以人民为中心、为民办事的依靠力量。人民是决定党和国家前途命运的根本力量。坚持以人民为中心，也意味着依靠人民创造历史伟业，依靠人民群众来办事。我们党从建党之初的几十人发展到今天的9000多万名党员，我们的国家从四分五裂、一穷二白到独立统一、欣欣向荣，从面临"被开除球籍的危险"到走近世界舞台中央，实现从站起来、富起来到强起来的伟大飞跃，归根到底靠的是人民群众的衷心拥护和支持。当前，依靠人民创造历史伟业，主要是推动"十四五"时期我国经济社会发展，开启全面建设社会主义现代化国家新征程，实现中华民族伟大复兴的中国梦。

要坚持人民标准。这是坚持以人民为中心、为民办事的重要标准。实践是检验真理的唯一标准。人民是实践的主体。我们是否坚持以人民为中心，是否为人民办事、办好事，人民最有发言权。习近平总书记指出："我们必须始终坚持人民立场，坚持人民主体地位，虚心向人民学习，倾听人民呼声，汲取人民智慧，把人民拥护不拥护、赞成不赞成、高兴不高兴、答应不答应作为衡量一切工作得失的根本标准，着力解决好人民最关心最直接最现实的利益问题，让全体中国人民和中华儿女在实现中华民族伟大复兴的历史进程中共享幸福和荣光！"[1]坚持人民标准，关键是坚持把人民拥护不拥护、赞成不赞成、高兴不高兴、答应不答应作为制定各项方针政策的出发点和落脚点，把为民办事、为民造福作为最重要的政绩，让人民群众来监督、评判我们的工作，有利于群众的事情就干，不利于群众的事情就不干，绝不干劳民伤财、违反群众意愿的事；正确处理最广大人民根本利益、现阶段群众共同利益、不同群体特殊利益的关系，兼顾好各方面群众关切，认真解决群众反映强烈的突出问题，坚决纠正损害群众利益的行为，办好顺民意、解民忧、惠民生的实事，真心实意帮助群众解决实际困难，增强人民群众的获得感、幸福感、安全感。像孔繁森说的那样：为官一任，造福一方。办实事，办好事，首先要解决群众的疾苦，不然要我们共产党员干什么！

三、坚持不懈为群众办实事做好事解难事

试问天下谁最难？不同的人，可能有不同的答案，但很多人应该不会否认，最难的是老百姓，是普普通通的人民群众。

老百姓有难事，人民群众有困难，党员、干部就得上。1989 年，刘伦堂放弃乡镇企业公司经理的职位，回到贫困落后的湖北省黄石市下陆区老鹳庙村担任党支部书记。当时的老鹳庙村，全村人均不到三分耕地，村民的日子过得紧巴巴，好不容易办起第一家村属企业老鹳庙水泥厂，却因经营不善倒闭。为走出困境，刘伦堂向亲友借款，发动工人集资 3.5 万元，

---

[1] 习近平：《在第十三届全国人民代表大会第一次会议上的讲话》，《求是》2020 年第 10 期。

让水泥厂重新开工。一年后，水泥厂实现产值128.8万元，上缴利税15万元。随后，他又在村里办起建材厂、碎石厂、三磷灰厂等企业。1991年底，村里不仅还清了债务，还有了结余。村里的日子越过越好，刘伦堂筹措资金600多万元，改造村道路7公里，建起1200平方米的党员群众服务中心。25年里，刘伦堂一门心思为乡亲们解难事、办实事，他留下的20多本工作日记上，记满了群众的大事小情。2013年8月刘伦堂被查出肝癌晚期，2014年6月25日刘伦堂离世。"群众还有很多困难，在我有生之年恐怕无能为力了。"这是刘伦堂留在笔记本上的最后一段话，用生命诠释了一个党员、干部为群众办事的责任担当。2014年，中央组织部追授他"全国优秀共产党员"称号，中央宣传部授予他"时代楷模"称号。[1]

为群众办事，办的是实事、好事和难事。《关于巩固深化"不忘初心、牢记使命"主题教育成果的意见》要求："坚持不懈为群众办实事做好事解难事。"这意味着：必须具有定力，一届接着一届干；不能搞形式主义、形象工程，必须实事求是，把工作做实；必须做有利于人民群众的事情，把好事办好，使人民群众满意；必须迎难而上，不怕麻烦，不回避矛盾，解决好人民群众面临的困难问题。

要扛起责任。坚持不懈为群众办实事做好事解难事，是党员、干部特别是省、市、县党政领导班子的神圣职责。省委省政府要为全省人民办实事做好事解难事。如四川省，2019年筹集资金近1000亿元扎实办好30件民生实事，新（改）建农村公路2.5万公里，122个劳务大县设立农民工服务中心，社会救助惠及500多万名困难群众，新建幼儿园1906所，新增普

---

[1] 参见《刘伦堂：清廉如水 一心为民》，《人民日报》2020年6月19日。

通高校 7 所，新增 32 处全国重点文物保护单位，等等。[1]市委市政府要为本市人民办好实事好事难事。如广州市，2019 年面向住房困难群体提供公租房 7000 多套，发放住房租赁补贴 1.36 万户，企业退休人员养老金提高到人均 3586 元/月，帮扶梅州、清远超过 8 万名贫困人口脱贫，帮扶毕节 4 个县（区）、黔南 10 个县脱贫摘帽，新增供水能力 60 万立方米/天，加装旧楼宇电梯 1872 部，完成 2.03 万名来穗人员及其随迁人员积分制入户，等等。[2]县委县政府要把本县群众的实事好事难事办好。如河南孟津县，2019 年投资 14 亿元办了 45 项民生实事，建成 30 个农村幸福院、1 个社区养老服务中心，提高城乡居民低保、特困供养等补贴标准，9 镇镇区供水、污水处理设施实现全覆盖，县城 6 所体育场地对社会开放，66 个村级卫生室完成提标，远程医疗系统全域覆盖，等等。[3]以一件件办好的实事好事难事，扛稳落实各级党委政府的责任。

要有为民情怀。要想为群众办好事情，必须热爱人民，心里装着人民。这一点，焦裕禄同志为我们做出了榜样。焦裕禄在兰考工作时间并不长，仅有 475 天，但上任之初就身先士卒，带病实干，带领全县民众治沙、治碱、治水，最终倒在岗位上。临终前，他对组织唯一的要求，就是死后"把我运回兰考，埋在沙堆上。活着我没有治好沙丘，死了也要看着你们把沙丘治好"。这种"心中只想着群众，唯独没有自己"的为民情怀，感动了一代又一代人共产党人。"衙斋卧听萧萧竹，疑是民间疾苦声。些小吾曹州县吏，一枝一叶总关情。"党员、干部更应该心里装着人民，做人

---

[1] 参见尹力：《政府工作报告 2020 年 5 月 9 日在四川省第十三届人民代表大会第三次会议上》，《四川日报》2020 年 5 月 15 日。

[2] 参见温国辉：《2020 年广州市政府工作报告》，广州市人民政府网 2020 年 6 月 10 日。

[3] 参见赵莉：《2020 年政府工作报告》，孟津区人民政府网 2020 年 6 月 1 日。

民的知心人、暖心人、贴心人，把人民的事情当作自己的事情，把人民的事情干成、干好、干扎实。

要制定年度民生实事计划。凡事预则立，不预则废。制定好年度民生实事计划，是为人民群众干好事的重要条件。要运用实地调研、社会公开征集等方式，深入实际、深入基层、深入群众，充分了解人民群众的所思所想所盼，了解人民群众的操心事、烦心事、揪心事，把握人民群众最急最忧最盼的问题。要量力而行，从自身的财力出发，统筹兼顾各方面的发展需要。要坚持民主集中制原则，围绕民生问题开展专题研究，充分听取吸收人大代表、专家、群众代表的意见建议，制定年度民生实事计划，明确项目任务、时间节点、责任单位、责任人、资金安排、实施计划等，确保有序推进。

要接受群众评价和监督。群众的眼睛是雪亮的。民生实事是不是群众想要的，符不符合群众的要求，怎样办得好，群众最有发言权。群众的评价和监督是办好民生实事的"矫正器"和保障。要大力推进信息公开，畅通监督渠道，除了国家秘密、国家安全、商业机密和个人隐私，采取适当方式公开方案、进度和结果，用好"书记、市长信箱"、政府服务热线、政风行风热线、社情民意"直通车"，自觉接受人民的监督。要切实宽容群众批评，对群众对民生实事的评价、批评和建议，不论是党委、政府，还是党员、干部个人，都应理性、克制地对待。要做到件件有回应。对群众提出的问题，要认真调查研究，能改正的即可改正，不能立即改的，也要及时回复和说明，确保事事有回音、件件有落实。

四、完善直接联系群众制度

制度具有全局性、根本性、稳定性、长期性，要为群众办实事做好事解难事，服务好群众，关键是建立好服务群众制度。特别是当今世界正处在大发展大变革大调整时期，不稳定不确定因素增多，给我国带来的挑战前所未有。国内改革开放深入推进，经济社会结构深刻变化，出现了一些财产状况、文化层次、社会地位和社会职业互有区别的新的社会阶层，群众的需求复杂多变，对我们党的期待和要求不断提高，不仅要求生存权、发展权，也要求知情权、参与权、表达权、监督权等，在这种形势下，要想服务好人民群众，必须遵循《中华人民共和国宪法》《中国共产党章程》，建立完善服务群众制度体系。

第一，建立基层联系点制度。这是联系群众、为群众办好事情的重要保障。这就要求县处级以上党政领导班子，统筹安排，根据每个班子成员的工作需要，建立基层联系点，联系时间一般不少于1年，各层级联系点一般不重复交叉。领导干部每年深入联系点至少1次。围绕解决改革发展稳定中的重点难点问题，深入联系点开展调查研究，了解社情民意，帮助建强基层党组织，谋划发展思路，解决发展难题，指导推进工作，发现和推广先进典型和经验。

第二，完善落实党员志愿服务制度。这是主动服务群众、为群众办事的重要保障。新冠肺炎疫情发生以来，全国3900多万名党员、干部战斗在抗疫一线，1300多万名党员参加志愿服务，近400名党员、干部为保卫人民生命安全献出了宝贵生命，彰显了共产党人的大爱和担当。[1]要弘扬"奉

---

[1] 参见《党徽在战"疫"一线闪光——疫情防控中的党员干部群像扫描》，新华网2020年9月7日。

献、友爱、互助、进步"的志愿精神，遵循"自愿、平等、无偿、诚信、合法"的原则，建立完善党员志愿者服务制度，明确志愿者招募注册、教育培训、项目分布、星级评定、考核激励、组织领导等要求，推进志愿服务活动规范化、制度化，组织党员结合实际参加党组织开展的志愿服务活动，鼓励和引导在职党员到工作地或居住地党组织报到，为群众服务，做到哪里有群众哪里就有党员志愿服务，让党员融入人民群众之中，打通党员联系服务群众的"最后一公里"，让党员"红马夹"成为党联系服务群众的一道亮丽风景线。

第三，健全完善重大民生事项承诺制度。民生工程是党委政府为民办实事、办好事的"民心工程"和"德政工程"，是为人民服务的具体体现。党员、干部应围绕党中央的重大决策部署，如围绕"稳就业、稳金融、稳外贸、稳外资、稳投资、稳预期"的"六稳"和"保居民就业、保基本民生、保市场主体、保粮食能源安全、保产业链供应链稳定、保基层运转"的"六保"，"学有所教、劳有所得、病有所医、老有所养、住有所居"的目标要求，制定相关规定，公开承诺给人民群众办几件实事，明确重点任务、完成时限、具体责任人，认真逐项抓好落实，接受公众监督和评判，使人民群众真正得到实惠。

第四，健全完善结对帮扶制度。结对帮扶是服务群众的有效举措，完善制度是做好结对帮扶的重要保证。要认真调查研究，建立政策扶持、项目整合、典型带动等一系列常态化帮扶机制，正确选定特困家庭、低保户等帮扶对象，明确政策、项目、资金、技能、就业等帮扶内容，创新帮扶形式，真心实意地为帮扶对象服务。

第五，健全完善服务制度机制。建立服务主体清晰、服务内容具体、服务程序明确、服务功能完善的县乡村三级服务平台，形成上下互动、功能整合、优质高效的便民服务体系。完善代办服务制度,明确谁负责、谁代办、谁受理,建立代办员队伍。完善巡回服务制度,组织相关单位、服务中心工作人员,开展巡回服务。完善网上服务制度,用好电子政务平台,开展网上审批、缴费、咨询、办证等服务。完善专项服务制度,对老年人、残疾人、优抚对象、困难职工等开展专项服务。完善责任追究制度,对以权谋私、吃拿卡要等行为严肃追究责任。

第六,健全完善服务群众的组织领导机制。加强对服务群众工作的领导,明确各级党组织的服务责任,明确一把手的责任任务,明确分管领导服务群众的具体责任,完善基层党组织服务群众述职考核制度,加强对服务群众工作的考核问责。完善服务群众工作联席会议制度,编制好服务群众工作的计划,督促财政、民政等部门落实好相关政策,发挥好工会、青年团、妇联等群团组织的作用,形成服务群众的合力。

总之,要依据党章党规和国家法律法规,结合自身实际,坚持问题导向,根据新时代人民群众的新期盼新要求,建立完善直接联系服务群众的制度体系,以制度规范服务群众工作,提升服务人民群众的质量和成效。

五、始终保持党同人民群众的血肉联系

1934年11月6日,中央红军先头部队抵达湖南省汝城县文明司(今文明瑶族乡),红军卫生部干部团驻沙洲村。红军来到沙洲村时,由于国民党的反动宣传,许多人都上山躲起来了。徐解秀由于生孩子坐月子,又是小脚,就留下来带着婴儿在家。有3位女红军来到她家,跟她拉家常,宣传红军是穷人的队伍,叫她不要害怕。

晚上,3位女红军借宿徐解秀家中。她们看到徐解秀的床上只有一块

烂棉絮和一件破蓑衣，就打开她们的被包，拿出被子，和徐解秀母子挤在一张床上睡。几天后，她们临走时要将被子留给徐解秀。徐解秀不忍心，也不敢要，推来推去，争执不下。

这时，一位女红军找来一把剪刀，把被子剪成两半，留下半条给徐解秀。3位女红军对徐解秀说："红军同其他当兵的不一样，是共产党领导的，是人民的军队，打敌人就是为老百姓过上好的生活。"[1]

"半床被子"传递出的是党同人民群众的密切联系。

密切联系群众是我们党的显著标志、优良传统和作风。毛泽东同志指出："我们共产党人区别于其他任何政党的又一个显著的标志，就是和最广大的人民群众取得最密切的联系。""以马克思列宁主义的理论思想武装起来的中国共产党，在中国人民中产生了新的工作作风，这主要的就是理论和实践相结合的作风，和人民群众紧密地联系在一起的作风以及自我批评的作风。"[2] 理论联系实际的根本点在于联系人民群众的社会实践；批评和自我批评的根本目的是通过洗洗澡、治治病，去除思想灰尘，保持党同人民群众的血肉联系。党的优良作风都是围绕加强党同人民群众的联系而展开的，密切联系群众是党的优良作风的核心。

密切联系群众是我们党特有的政治优势和人民优势。中国共产党是代表人民群众根本利益的无产阶级政党，密切联系群众是中国共产党植根于党性的天然优势，是其他阶级政党难以模仿的独特优势，是我们党赢得革命、建设、改革胜利的法宝，也是我们党特有的人民优势。

我们党的最大政治优势是密切联系群众，党执政后的最大危险是脱离群众。中国共产党百年历史和新中国成立70多年的历史反复证明：保持

---

[1] 参见王相坤：《点赞优秀共产党人》，人民出版社2019年版，第42页。
[2] 《毛泽东选集》（第三卷），人民出版社1991年版，第1094、1093—1094页。

党与人民群众的密切联系，我们的革命、建设和改革事业就顺利发展；脱离人民群众，党的事业就会遭受挫折甚至失败。

在新形势下，党面临的执政考验、改革开放考验、市场经济考验、外部环境考验是长期的、复杂的、严峻的，精神懈怠危险、能力不足危险、脱离群众危险、消极腐败危险更加尖锐地摆在全党面前，保持党的最大政治优势，发挥我们党密切联系人民群众的优势，仍然是一项长期和艰巨的历史任务。习近平总书记要求："国家各项工作都要贯彻党的群众路线，密切同人民群众的联系，倾听人民呼声，回应人民期待，不断解决好人民最关心最直接最现实的利益问题，凝聚起最广大人民智慧和力量。"[1]

要认真贯彻落实中央八项规定精神。2012年12月4日，中央政治局审议通过关于改进工作作风、密切联系群众的八项规定，对调研、会议、简报、出访、警卫、报道、文稿发表、勤俭节约等提出具体要求。习近平总书记指出："新一届中央领导集体要定规矩，这是很重要的规矩。""制定这方面的规矩，指导思想就是从严要求，体现党要管党、从严治党。""规矩是起约束作用的，所以要紧一点。紧一点自然就不舒服了，舒适度就有问题了，就是要不舒服一点、不自在一点，我们不舒服一点、不自在一点，老百姓的舒适度就好一点、满意度就高一点，对我们的感觉就好一点。"[2]经过党的群众路线教育实践活动、"三严三实"专题教育等一系列活动，良好的党风政风社会风气正在形成，但违规发放津补贴、违规使用公车、公款旅游、违规吃喝、违规收受礼品礼金、违规操办婚宴等不良现象依然存

---

[1] 习近平：《在庆祝全国人民代表大会成立六十周年大会上的讲话》，《求是》2019年第18期。

[2] 中共中央纪律检查委员会、中共中央文献研究室编：《习近平关于严明党的纪律和规矩论述摘编》，中国方正出版社、中央文献出版社2016年版，第51页。

在。这就要求党员、干部,严格遵守中央八项规定精神,增强定力,严格自律,守住底线,管好家人。纪检监察机关要认真落实监督责任,加强教育提醒,紧盯违规吃喝、餐饮浪费等突出问题,抓早抓小,严肃查处各种违规违纪行为,确保中央八项规定精神落地生根。

要持之以恒纠正"四风"问题。这是密切联系群众、发挥其优势的条件。"四风"即形式主义、官僚主义、享乐主义、奢靡之风,其表现五花八门。有学风不正、学用脱节,文山会海、空话套话,弄虚作假、欺上瞒下,蜻蜓点水、走马观花,不切实际、不讲实效,落实不力、工作疲沓的形式主义;有高高在上、脱离群众,跑官要官、任人唯亲,急功近利、好大喜功,不负责任、不敢担当,吃拿卡要、与民争利,表里不一、纪律松懈的官僚主义;有思想空虚、精神颓废,慵懒松软、不思进取,迷恋特权、弄权贪腐,计较待遇、追逐名利,玩心太重、生活腐化的享乐主义,有讲究排场、铺张浪费,大兴土木、违规建设,节日泛滥、赛事成灾,违规配车、多头占房,巧立名目、挥霍公款的奢靡之风……难以尽书。经过党的群众路线教育实践活动、"三严三实"专题教育、"两学一做"学习教育和"不忘初心、牢记使命"主题教育,享乐主义、奢靡之风问题得到了有效遏制,但形式主义、官僚主义却依然存在,甚至出现了新的变异。"四风"特别是形式主义、官僚主义,背离党的群众路线,背离党性、背离宗旨,脱离实际、脱离群众,害党、害国、害人、害己,是共产党的大敌,是人民的大敌,是密切联系群众的大敌,是严重的政治问题。要清醒认识"四风"特别是形式主义、官僚主义的顽固性,深化"不忘初心、牢记使命"主题教育成果,认真整改主题教育中发现的问题,加强监督,对"四风"问题点名道姓通报曝光,打好作风建设的"持久战""攻坚战",努力形成良好的社会风气。

认真落实信访工作责任制。信访是畅通群众诉求表达、保障公民申诉权利的重要渠道，信访工作责任制是密切党和政府同人民群众联系的重要举措。必须进一步落实各级党政机关及其领导干部、工作人员信访工作责任，运用接访下访、民生热线、视频接访、信访代理等方法，从源头上预防和减少信访问题发生，推动信访问题及时就地解决，依法维护群众合法权益，促进社会和谐稳定。落实信访工作责任制，按照"属地管理、分级负责，谁主管、谁负责，依法、及时、就地解决问题与疏导教育相结合"的工作原则，综合运用督查、考核、惩戒等措施，依法规范各级党政机关履行信访工作职责，把信访突出问题处理好，把群众合理合法利益诉求解决好，确保中央关于信访工作决策部署贯彻落实。各级党政机关应当将信访工作列入议事日程，定期听取工作汇报、分析信访形势、研究解决工作中的重要问题，从人力物力财力上保证信访工作顺利开展；应当科学、民主决策，依法履行职责，从源头上预防和减少导致信访问题的矛盾和纠纷。党政机关领导班子主要负责人对本地区、本部门、本系统的信访工作负总责，其他成员根据工作分工，对职权范围内的信访工作负主要领导责任。各级领导干部应当阅批群众来信和网上信访，定期接待群众来访，协调处理疑难复杂信访问题。各级党政机关工作人员在处理信访事项过程中，应当遵守群众纪律，秉公办事、清正廉洁、保守秘密、热情周到。要完善信访联席会议制度，健全解决特殊疑难信访问题工作机制，健全统筹督查督办信访事项工作机制，健全科学合理的信访工作考核评价体系，健全经常性教育疏导机制，解决好人民群众最关心最直接最现实的利益问题，夯实党执政的群众基础，促进社会和谐稳定。

要经常性做好群众思想政治工作。把联系服务群众与经常性做好群众思想政治工作结合起来，运用电视、广播、板报、政务微博、民生微信、民情 QQ 群等方式方法，广泛开展习近平新时代中国特色社会主义思想学习教育，开展党的基本理论基本路线基本方略学习教育，开展社会主义核心价值观学习教育，教育引导群众坚定"四个自信"，做到"两个维护"，正确处理个人利益和集体利益、局部利益和全局利益、当前利益和长远利益的关系，在解决实际问题中教育引导群众、组织凝聚群众，保持党同人民群众的血肉联系。

第八章

在改进作风中守初心担使命

党的作风是守初心担使命的形象。形式主义、官僚主义是守初心担使命的大敌。要修好党的建设的永恒课题和党员、干部的终身课题,必须坚决反对形式主义、官僚主义,把树立正确政绩观的要求具体化,改进领导方式和工作方法,持续深化纠治查处整治形式主义、官僚主义突出问题,防止其反弹回潮,树立守初心担使命的良好形象。

一、作风是守初心担使命的形象

党的作风是党的形象，是党的性质、宗旨、纲领、路线的重要体现，是党的创造力、凝聚力、战斗力的重要内容，是党的建设不可分割的组成部分，是党员、干部的世界观、人生观、价值观、荣辱观、权力观、地位观、利益观、事业观、工作观、政绩观的综合反映。

党的作风凝聚着几代共产党人的心血，是共产党人为中国人民谋幸福、为中华民族谋复兴过程中展现的良好形象，是共产党人的传家宝。

以毛泽东同志为主要代表的中国共产党人，在为中国人民谋幸福、为中华民族谋复兴的革命、建设过程中指出："以马克思列宁主义的理论思想武装起来的中国共产党，在中国人民中产生了新的工作作风，这主要的就是理论和实践相结合的作风，和人民群众紧密地联系在一起的作风以及自我批评的作风。"[1]"必须使各级党的领导骨干都懂得，理论和实践这样密切地相结合，是我们共产党人区别于其他任何政党的显著标志之一。"[2]"要密切联系群众，而不要脱离群众。"[3]"批评和自我批评是一个整体，缺一不可，但作为领导者，对自己的批评是主要的。"[4]奠定了党的作风建设的理论基础。

党的十一届三中全会后，在为中国人民谋幸福、为中华民族谋复兴的改革开放过程中，以邓小平同志为主要代表的中国共产党人，逐步恢复和

---

[1]《毛泽东选集》（第三卷），人民出版社1991年版，第1093—1094页。
[2]《毛泽东选集》（第三卷），人民出版社1991年版，第1049页。
[3]《毛泽东选集》（第三卷），人民出版社1991年版，第826页。
[4]《毛泽东文集》（第二卷），人民出版社1993年版，第418页。

发展了党的优良传统和作风；以江泽民同志为主要代表的中国共产党人，把党的作风建设提升到了新水平；以胡锦涛同志为主要代表的中国共产党人，把党的作风建设推进到一个新阶段。

党的十八大以来，在中国特色社会主义进入新时代为中国人民谋幸福、为中华民族谋复兴的过程中，以习近平同志为核心的党中央指出："我们必须看到，面对世情、国情、党情的深刻变化，精神懈怠危险、能力不足危险、脱离群众危险、消极腐败危险更加尖锐地摆在全党面前，党内脱离群众的现象大量存在，集中表现在形式主义、官僚主义、享乐主义和奢靡之风这'四风'上。我们要对作风之弊、行为之垢来一次大排查、大检修、大扫除。"[1] "党的作风就是党的形象，关系人心向背，关系党的生死存亡。我们党作为一个在中国长期执政的马克思主义政党，对作风问题任何时候都不能掉以轻心。作风问题抓和不抓大不一样，小抓大抓也大不一样，只有动真格打硬仗，才能扫除顽瘴痼疾，取得人民满意的实效。作风问题核心是党同人民群众的关系问题。"[2] "解决作风问题是一项经常性工作，必须在抓常、抓细、抓长上下功夫。"[3] "持之以恒加强作风建设，坚持和发扬党的优良传统和作风，坚持抓常、抓细、抓长，使党的作风全面好起来，确保党始终同人民同呼吸、共命运、心连心。"[4] "在党的作风建设和纪律建设方面，要坚持不懈整治'四风'，抓紧解决人民群众反映强烈的形式主义和官僚主义、干部不担当不作为、侵害群众利益等突出问题，持续保持反

---

[1]《党的群众路线教育实践活动工作会议召开 习近平发表重要讲话》，《人民日报》2013年6月19日。
[2]《习近平在中共中央政治局第十六次集体学习时强调 坚持从严治党落实管党治党责任 把作风建设要求融入党的制度建设》，新华网2014年6月30日。
[3]《习近平在中共中央政治局第十六次集体学习时强调 坚持从严治党落实管党治党责任 把作风建设要求融入党的制度建设》，新华网2014年6月30日。
[4]《习近平在庆祝中国共产党成立95周年大会上的讲话》，《人民日报》2016年7月2日。

腐高压态势，铲除寄生在党的肌体上的毒瘤，永葆党的肌体健康。"[1]并从中央八项规定起步，全面从严治党，开展党的群众路线教育实践活动、"三严三实"专题教育、"两学一做"学习教育、"不忘初心、牢记使命"主题教育，把党的作风建设推进到新时代。

在为中国人民谋幸福、为中华民族谋复兴的百年奋斗历程中，我们党形成了一系列好的作风，集中体现为：实事求是，理论联系实际，密切联系群众，批评和自我批评，艰苦奋斗。这些是党的作风的主要内涵，也是党员、干部守初心担使命的形象。

一是守初心担使命的实事求是形象。"实事"是客观存在着的一切事物，"是"是客观事物的内部联系即规律性，"求"就是我们去研究。实事求是是马克思主义的精髓，是党的作风的精髓，是党员、干部守初心担使命展示出来的形象，也是守初心担使命的保障。党员、干部要展示好守初心担使命的实事求是形象，就要深入调查研究，深刻剖析自身的使命担当，一切从实际出发，在遵循党的建设规律、社会主义建设规律和人类社会发展规律基础上，为中国人民谋幸福，为中华民族谋复兴。

二是守初心担使命的理论联系实际形象。理论来自于实际，服务于实际，在实际中发挥理论的威力，在实际中得到检验、丰富和发展。在党的历史上，我们曾经犯过教条主义、经验主义错误，致使理论与实际脱节，给中国革命造成严重损失。党员、干部要展示好守初心担使命的理论联系实际形象，要认真学习党的基本理论特别是习近平新时代中国特色社会主义思想，深刻把握贯穿其中的立场观点方法，改造主观世界，形成科学的世界观、人生观、价值观。要坚持问题导向，进行调查研究，深刻把握守

---

[1] 习近平：《牢记初心使命，推进自我革命》，《求是》2019年第15期。

初心担使命的实际情况以及存在的问题。要坚持把理论与实际结合起来，运用党的基本理论指导工作，分析问题，解决问题，把党的创新理论化为守初心担使命的实际行动。

三是守初心担使命的密切联系群众形象。只有密切联系群众，才能懂得人民群众的愿望和要求，才能更好地依靠人民群众守初心担使命。密切联系群众是党的作风建设的关键，也是守初心担使命的关键。这就要求党员、干部，真正懂得党同人民群众的鱼水关系，深入人民群众，调查研究，把握人民群众的利益和期盼，把人民之心化为共产党人之心，把人民群众的期盼化为共产党人的使命担当，把人民群众的智慧化为守初心担使命的力量，在实现人民群众利益的过程中守初心担使命。

四是守初心担使命的批评和自我批评武器形象。批评和自我批评，是我们党的传家宝，是共产党人清除思想上的尘埃，解决党内矛盾，守初心担使命的重要方法。这就要求党员、干部，用好批评和自我批评这个武器，站位党和人民的立场，大公无私，光明磊落，客观公正，实事求是地开展批评和自我批评，红红脸、出出汗、治治病，清除初心上的尘埃，荡涤使命上的杂质，在批评和自我批评中守初心担使命。

五是守初心担使命的艰苦奋斗形象。艰难困苦，玉汝于成。中华文明连绵不断，不是天上掉下来的，是中华民族和中国人民艰苦奋斗而来的，近代以来久经磨难的中华民族迎来从站起来、富起来到强起来的伟大飞跃。艰苦奋斗是中华民族的传统美德，是中国共产党的政治本色、优良传统和一贯作风，是党员、干部守初心担使命的内在要求和应有形象。"历览前贤国与家，成由勤俭破由奢。"建设中国特色社会主义的路更长、更艰巨，更需要艰苦奋斗。党员、干部要展示守初心担使命的艰苦奋斗形象，必须继续保持谦虚、谨慎、不骄、不躁的作风，继续保持艰苦奋斗的作风，弘扬斗争精神，勤俭节约，制止浪费，锐意进取，迎难而上，奋发有为，乐于奉献，勇于献身，在为实现"两个一百年"奋斗目标和中华民族伟大复兴而进行的艰苦奋斗中展示共产党人的形象。

二、坚决反对形式主义、官僚主义

形式主义、官僚主义是两种不良的作风，是守初心担使命的大敌。要守初心担使命，必须反对形式主义、官僚主义。

什么是形式主义？一般说来，形式主义是一种重现象轻本质、重形式轻内容、知行不一、脱离实际、不求实效的思想方法和工作作风。其表现形式多种多样，对此，习近平总书记在党的群众路线教育实践活动工作会议上指出："在形式主义方面，主要是知行不一、不求实效，文山会海、花拳绣腿，贪图虚名、弄虚作假。有的不认真学习党的理论和做好工作所需要的知识，学了也是为应付场面，蜻蜓点水，浅尝辄止，不求甚解，无心也无力在实践中认真运用。有的习惯于以会议落实会议、以文件落实文件，热衷于造声势、出风头，把安排领导出场讲话、组织发新闻、上电视作为头等大事，最后工作却不了了之。有的抓工作不讲实效，不下功夫解决存在的矛盾和问题，难以给领导留下印象的事不做，形不成多大影响的事不做，工作汇报或年终总结看上去不漂亮的事不做，仪式一场接着一场，总结一份接着一份，评奖一个接着一个，最后都是'客里空'。有的下基层调研走马观花，下去就是为了出镜头、露露脸，坐在车上转，隔着玻璃看，只看'门面'和'窗口'，不看'后院'和'角落'，群众说是'调查研究隔层纸，政策执行隔座山'。有的明知报上来的是假情况、假数字、假典型,也听之任之,甚至通过挖空心思造假来粉饰太平。"[1] 他在河北调研指导党的群众路线教育实践活动时指出:"形式主义实质是主观主义、功利主义,根源是政绩观错位、责任心缺失,用轰轰烈烈的形式代替了扎扎实实的落实,用光鲜亮丽的外表掩盖了矛盾和问题。"[2] 较为全面地阐释了形式主义的表现形式、实质及其根源。

什么是官僚主义?一般来说,官僚主义是脱离实际、脱离群众、高高在上、唯我独尊、做官当老爷的领导作风。官僚主义的表现也多种多样。在党的群众路线教育实践活动工作会议上,习近平总书记指出:"在官僚主义方面,主要是脱离实际、脱离群众,高高在上、漠视现实,唯我独尊、自我膨胀。有的对实际情况不了解不关注,不愿深入困难艰苦地区,不愿帮助基层和群众解决实际问题,甚至不愿同基层和普通群众打交道,怕给自己添麻烦,工作上敷衍塞责、推诿扯皮、得过且过。有的不顾地方实际和群众意愿,喜欢拍脑袋决策、拍胸脯表态,盲目铺摊子、上项目,最后拍屁股走人,留下一堆后遗症。有的对上吹吹拍拍、曲意逢迎,对下吆五喝六、横眉竖目,门难进、脸难看、事难办,甚至不给钱不办事,收了钱乱办事。有的对待上级部署囫囵吞枣、断章取义,执行上级决定照本宣科、等因奉此,或者照猫画虎、生搬硬套,以前怎么做就怎么做,别人怎么做就怎么做,完全不顾本地本部门实际情况。有的官气十足、独断专行,老子天下第一,一切都要自己说了算,拒绝批评帮助,容不下他人,听不得

---

[1] 中共中央文献研究室、中央党的群众路线教育实践活动领导小组办公室编:《习近平关于党的群众路线教育实践活动论述摘编》,党建读物出版社、中央文献出版社2014年版,第17—18页。

[2] 中共中央文献研究室、中央党的群众路线教育实践活动领导小组办公室编:《习近平关于党的群众路线教育实践活动论述摘编》,党建读物出版社、中央文献出版社2014年版,第23—24页。

不同意见。"[1] 他在河北调研指导党的群众路线教育实践活动时指出："官僚主义实质是封建残余思想作祟，根源是官本位思想严重、权力观扭曲，做官当老爷，高高在上，脱离群众，脱离实际。"[2] 较为全面地阐释了官僚主义的表现形式、实质及其根源。

形式主义和官僚主义往往是一对孪生姊妹。对待工作、对待群众形式主义，就会高高在上，自我膨胀，派生出官僚主义；安排部署工作官僚主义，就会脱离实际，滋生出各种各样的形式主义。

形式主义和官僚主义是一种顽疾，具有顽固性、反复性。党的十八大以来，针对这种顽疾，我们从落实中央八项规定切入，以党的群众路线教育实践活动为契机，集中解决形式主义、官僚主义、享乐主义和奢靡之风"四风"问题，享乐主义和奢靡之风得到了有效遏制，形式主义、官僚主义问题有所抑制，但遗憾的是，"四风"问题依然存在，特别是形式主义、官僚主义出现了一些新变异。

对此，中央纪委将其主要表现归纳为10种：一是在贯彻落实方面，有的领导干部对贯彻落实中央重大决策部署表态多调门高，但行动少落实差，虚多实少，仅仅满足于"轮流圈阅""层层转发""安排部署"，个别领导干部说一套做一套，我行我素。二是在调查研究方面，有的单位搞形式、走过场，像打造旅游线路一样打造"经典调研线路"，无论什么调研主题，去的是同一条路线、访的是同一批对象、听的是同一套说辞，搞"大伙演、

---

[1] 中共中央文献研究室、中央党的群众路线教育实践活动领导小组办公室编：《习近平关于党的群众路线教育实践活动论述摘编》，党建读物出版社、中央文献出版社2014年版，第18—19页。

[2] 中共中央文献研究室、中央党的群众路线教育实践活动领导小组办公室编：《习近平关于党的群众路线教育实践活动论述摘编》，党建读物出版社、中央文献出版社2014年版，第24页。

领导看"的走秀式调研。三是在服务群众方面，有的单位表面上推进服务型政府建设，"门好进、脸好看"，但还是"事难办"，将过去的"管卡压"变成了现在的"推绕拖"；有的政务服务热线电话长期无人接听；有的政府网站更新的内容主要是领导活动，政务公开、便民服务等栏目几乎成为僵尸栏目。四是在项目建设方面，一些地方热衷于打造领导"可视范围"内的项目工程，而不考虑客观实际，"不怕群众不满意，就怕领导不注意""奖状一屋子，工作还是老样子"。五是在召开会议方面，一些地方无论什么会议都要层层重复开，一个接一个，检查评比走马灯，导致干部疲于应付，没有时间抓落实。六是在改进文风方面，有的地方写文件、制文件机械照搬照抄，出台制度规定"依葫芦画瓢"，内容不是来自调查研究，而是源自抄袭拼凑。七是在责任担当方面，有的领导干部"只求不出事，宁愿不做事"，凡事都要上级拍板，避免自己担责，甚至层层往上报、层层不表态。八是在工作实效方面，有的地方对工作不重实效重包装，把精力都放在"材料美化"上，一项工作刚开始就急于总结成绩、宣传典型，搞"材料出政绩"。九是在履行职责方面，有的部门热衷于与下属单位签订"责任状"，将责任下移，试图让下级的"责任状"成为自己的"免责单"。十是在对待问题方面，有的党员、干部对身边不良风气和违规问题态度漠然，事不关己、高高挂起，知情不报、听之任之，甚至在组织向其了解情况时仍不说真话。[1]

根据党的十九届中央纪委三次全会工作报告，我们可以看出，形式主义、官僚主义的表现主要是：在学习传达党中央精神方面不求甚解、照抄照搬；在贯彻落实党中央重大决策部署方面不敬畏、不在乎、喊口号、装

---

[1] 参见《纠正"四风"不能止步 作风建设永远在路上——中央纪委有关负责同志答新华社记者问》，新华网 2017 年 12 月 11 日。

样子，表态多调门高、行动少落实差，应景造势、敷衍塞责、出工不出力；在联系服务群众方面消极应付、冷硬横推；在服务经济社会发展方面不担当、不作为、乱作为、假作为；在文风会风及检查调研方面搞形式、走过场、重留痕、轻效果等。当然，这些只是形式主义、官僚主义的主要表现，实际表现往往是五花八门，比这些更为复杂多变。

习近平总书记非常重视解决"四风"特别是形式主义、官僚主义问题，在多次重要讲话中强调形式主义、官僚主义是目前党内存在的突出矛盾和问题，是阻碍党的路线方针政策和党中央重大决策部署贯彻落实的大敌。要把力戒形式主义、官僚主义作为重要任务。

坚决反对形式主义、官僚主义，是党的事业健康发展的需要。形式主义和官僚主义，背离党的性质和宗旨，背离党的群众路线，脱离实际和群众，害党、害国、害人、害己。形式主义，把大量的时间和精力花在做表面文章、搞花架子上，心里只有名利，没有群众，眼睛长在头顶，只看上，不看下，不为群众办实事、办好事，增加群众负担，引起群众反感，损害党和政府的形象；诱发干部的懒惰思想和投机心理，助长党内和社会上的弄虚作假行为和浮夸之风，挫伤真抓实干者的积极性。官僚主义，损害党群、干群关系，损害党和政府的形象，影响党的执政基础；腐蚀干部队伍，败坏党风和社会风气，危害社会稳定；造成人浮于事、效率低下，贻误发展机遇，影响改革发展进程；妨碍党的路线方针政策的贯彻执行和党的事业发展。我们要实现中华民族伟大复兴的中国梦，必须力戒形式主义、官僚主义。

坚决反对形式主义、官僚主义，也是巩固深化主题教育成果的需要。在全党开展的以深入学习贯彻习近平新时代中国特色社会主义思想为主要内容，以力戒形式主义、官僚主义为重要内容的"不忘初心、牢记使命"

主题教育，实现了理论学习有收获、思想政治受洗礼、干事创业敢担当、为民服务解难题、清正廉洁作表率的目标任务，形式主义、官僚主义得到了进一步的整治，但问题依然存在。形式主义重形式、轻实效，官僚主义重做官、轻为民，这些都与守初心担使命宗旨背道而驰。巩固深化主题教育成果，必须持续整治形式主义、官僚主义问题。对此，中共中央办公厅印发的《关于巩固深化"不忘初心、牢记使命"主题教育成果的意见》也明确要求"坚决反对形式主义、官僚主义"。

三、把树立正确政绩观的要求具体化

产生形式主义、官僚主义问题的原因很多。从领导干部来说，首先是政绩观出现了问题。因此，习近平总书记要求，"要力戒形式主义、官僚主义，教育引导党员干部树立正确政绩观，真抓实干、转变作风"[1]。中共中央办公厅印发的《关于巩固深化"不忘初心、牢记使命"主题教育成果的意见》明确要求："各地区各部门各单位要把树立正确政绩观的要求具体化，改进领导方式和工作方法，决不做自以为领导满意却让群众失望的蠢事。"

第一，要牢固树立正确的政绩观。这是坚决反对形式主义、官僚主义的重要前提。政绩观错位，就会偏离初心使命，责任心缺失，重显绩不重潜绩，重包装不重实效，拍脑袋决策、拍胸脯表态，盲目铺摊子、上项目，打造领导"可视范围"内的项目工程，搞华而不实、劳民伤财的"形象工程""政绩工程"等，产生形式主义、官僚主义问题。这就要求我们，开展党的宗旨教育，使党员、干部真正懂得人民群众是历史的主体，人民是国

---

[1] 习近平：《在"不忘初心、牢记使命"主题教育工作会议上的讲话》，《求是》2019年第13期。

家和社会的主人，权为民所赋，权为民所用，干部是人民的公仆，解决好权力观问题，坚决反对特权思想、特权现象，保持对人民的赤子之心，牢固树立为民意识，把党的宗旨贯穿于守初心担使命的全过程，时时刻刻为人民服务，事事处处为人民服务，扎扎实实为人民服务，自觉防止形式主义、官僚主义对守初心担使命的干扰。要坚持立党为公执政为民，真正懂得手中的权力是人民赋予的，做到"三严三实"，自觉地为人民掌好权、用好权，一心一意、干干净净地为人民服务。把树立正确政绩观与守初心担使命结合起来，把抓好党建作为最大的政绩，全面从严治党，保持党的先进性和纯洁性，守好共产党人的初心，担好共产党人的使命。用守初心引领政绩，"民之所好好之，民之所恶恶之"，把老百姓的安危冷暖时刻放在心上，想群众之所想，急群众之所急，决不做自以为领导满意、群众失望的蠢事，创造出经得起人民检验、人民群众满意的政绩。用担使命创造政绩，树立"功成不必在我"的境界，不计较个人功名，抓好打基础利长远的工作，发扬钉钉子精神，一届接着一届干，创造出经得起实践、历史检验的政绩。

第二，改进领导方式和工作方法。领导方式是领导者处理领导者与被领导者关系，实施领导的相对稳定的系统的行为模式，是领导的思想、理念、方向、方法、形式、原则的有机统一。其类型很多，如美国管理学家罗夫·怀特和罗纳德·李皮特提出的专制独裁式、民主式、放任式的领导方式，美国学者利克特提出的专制—权威式、开明—权威式、协商式、群体参与式的领导方式。[1] 在党的历史上，我们曾经有战争年代党的一元化领导方式，"大权独揽，小权分散，党委决定，各方去办"、以党代政的领

---

[1] 参见芮红磊等：《领导方式的规则化趋势与领导艺术的适应方略》，《领导科学》2020年第8期，第76页。

导方式等。工作方法是领导方式的具体化。其方法很多，如毛泽东在《党委会的工作方法》中提出的党委书记要善于当"班长"，要把问题摆到桌面上来，"互通情报"，不懂得和不了解的东西要问下级、不要轻易表示赞成或反对，学会"弹钢琴"，要"抓紧"，胸中有"数"，"安民告示"，"精兵简政"，注意团结那些和自己意见不同的同志一道工作，力戒骄傲，划清两种界限等十二种工作方法。[1]

领导方式和工作方法，直接决定党风、党的事业、初心使命和政绩的状况。领导方式和工作方法科学，党的作风就优良，党的事业就能健康发展，党员、干部就能较好地守初心担使命，就能创造好的政绩。反之，党的作风，党的事业，党员、干部的初心使命、政绩，都会受到不良影响。因此，我们党非常重视领导方式和工作方法问题。比如，毛泽东同志指出："我们的任务是过河，但是没有桥或没有船就不能过。不解决桥或船的问题，过河就是一句空话。不解决方法问题，任务也只是瞎说一顿。"[2] "政治工作的领导方式和工作方式应注意：甲、全般性。反对只顾局部利益与本位主义。乙、进步性。多研究，多总结，反对保守不求进步。丙、复杂性，多样性。反对遇事简单公式主义，敷衍了事。丁、计划性，组织性。反对急躁盲动乱来一顿。戊、统一性。以使分散与集中、自动与命令求得一致。己、实际性。反对不着重实际，铺张夸功。庚、精细性。反对粗枝大叶只顾表面。辛、战斗性。以求政治工作真正适应于战斗环境。"[3] "政策和策略要根据形势的变化做相应的调整。当着革命的形势已经改变的时候，革命

---

[1] 参见《毛泽东选集》（第四卷），人民出版社1991年版，第1440—1444页。
[2] 中共中央文献研究室编：《毛泽东著作专题摘编》（上），中央文献出版社2003年版，第310页。
[3] 中共中央文献研究室编：《毛泽东著作专题摘编》（下），中央文献出版社2003年版，第1216页。

的策略,革命的领导方式,也必须跟着改变。"[1]这些都为党的领导方式和工作奠定了理论基础。

当今世界正经历百年未有之大变局,我国正处于实现中华民族伟大复兴关键时期,社会主要矛盾的变化,统揽"四个伟大",全面从严治党,进行自我革命,解决"四风"问题,守初心担使命,全面深化改革,推进国家治理体系和治理能力现代化,迫切要求我们打破领导的传统路径依赖,切实把领导方式和工作方法转到现代、科学、法治的轨道上来。习近平总书记指出:"这些年来,我一直强调要加强干部队伍专业化建设,是因为随着改革开放和社会主义现代化建设不断向前推进,各项工作对专业化、专门化、精细化提出了越来越高的要求,采取一般化、大呼隆、粗放型的领导方式和领导方法是完全不能适应的。"[2]"我们要增强依法执政意识,坚持以法治的理念、法治的体制、法治的程序开展工作,改进党的领导方式和执政方式,推进依法执政制度化、规范化、程序化。"[3]

要推进领导方式和工作方法的思想理念转变。习近平新时代中国特色社会主义思想是新时代领导方式和工作方法的灵魂,全心全意为人民服务是领导方式和工作方法的理念。要认真学习习近平新时代中国特色社会主义思想,自觉地站在习近平新时代中国特色社会主义思想的立场上,坚持习近平新时代中国特色社会主义思想的领导观,运用习近平新时代中国特色社会主义思想的方法,展现习近平新时代中国特色社会主义思想所要求的作风,开展领导工作。

---

[1] 中共中央文献研究室编:《毛泽东著作专题摘编》(下),中央文献出版社2003年版,第1717页。

[2] 习近平:《在党的十九届一中全会上的讲话》,《求是》2018年第1期。

[3] 习近平:《加快建设社会主义法治国家》,《求是》2015年第1期。

要把牢领导方式和工作方法的方向。这就是要使我们的领导方式和工作方法服从和服务于实现共产主义远大理想的需要、建设中国特色社会主义共同理想的需要、落实党的基本理论基本路线基本方略的需要，以这些需要改革和完善领导方式和工作方法，以这些需要守初心担使命。

要推进领导方式和工作方法现代化。这就是推动领导方式和工作方法从传统走向现代。要顺应新时代推进国家治理体系和治理能力现代化的要求，坚持党的领导、人民当家作主、依法治国有机统一，坚持解放思想、实事求是，坚持改革创新，坚持和完善支撑中国特色社会主义制度的根本制度、基本制度、重要制度，固根基、扬优势、补短板、强弱项，构建与系统完备、科学规范、运行有效的制度体系相适应的领导方式和领导方法，构建与系统治理、依法治理、综合治理、源头治理的领导方式和领导方法，构建能够把我国制度优势更好转化为国家治理效能的领导方式和领导方法，为实现"两个一百年"奋斗目标、实现中华民族伟大复兴的中国梦提供领导方式和领导方法支撑。要坚持党的集中统一领导，改革和完善创新党的政治领导、思想理论和组织领导方式，总揽全局、协调各方，支持人大、政府、政协和法院、检察院依法依章程履行职能、开展工作、发挥作用。要坚持民主集中制原则，完善发展党内民主和实行正确集中的相关制度，提高党把方向、谋大局、定政策、促改革的能力。要坚持战略思维、创新思维、辩证思维、法治思维、底线思维，健全决策机制，加强重大决策的调查研究、科学论证、风险评估，科学制定和坚决执行党的路线方针政策，强化决策执行、评估、监督，确保贯彻落实。要坚持党的群众路线这个根本的工作方法，增强学习本领、政治领导本领、改革创新本领、科学发展本领、依法执政本领、群众工作本领、狠抓落实本领、驾驭风险本领，发扬斗争精神，增强斗争本领，树立密切联系群众的良好作风。

要推进领导方式和工作方法科学化。这就是把领导方式和工作方法建立在科学的基础之上，建立在规律的基础之上，使领导方式成为科学的领导方式，使工作方法成为科学的工作方法，树立实事求是的工作作风。要学好用好马克思主义特别是马克思主义哲学。习近平总书记指出："马克思主义哲学深刻揭示了客观世界特别是人类社会发展一般规律，在当今时代依然有着强大生命力，依然是指导我们共产党人前进的强大思想武器。"[1] 要运用马克思主义哲学统领领导方式和领导方法，如运用马克思主义世界的物质统一性，摒弃形式主义、官僚主义，坚持一切从实际出发制定政策、领导推动工作；运用矛盾运动原理，坚持问题定向，在分析矛盾、解决矛盾过程中领导推动工作；运用认识和实践辩证关系原理，坚持从实践中来、到实践中去，在实践中检验、改进、推动领导工作；运用社会基本矛盾原理，坚持在社会基本矛盾的运动中领导推动工作；坚持人民是历史创造者原理，坚持以人民为中心领导推动工作。要遵循和运用客观规律，坚持遵循人类社会发展规律、社会主义建设规律、党的执政规律以及领导的规律，使领导方式成为符合规律的领导方式，使工作方法成为遵循和运用规律的领导方法。要学习运用现代科学技术，运用互联网、大数据等现代科学方法，改进领导方式和领导方法，提高领导工作的成效。

要推进领导方式和工作方法法制化。全面依法治国，是坚持和发展中国特色社会主义的本质要求和重要保障，是实现国家治理体系和治理能力现代化的必然要求。领导方式和工作方法法制化，是全面依法治国的重要内容和必然要求。这就要求领导工作的思维从传统转向法治、决策从"拍脑袋"转向依法、手段从行政转向法治，使领导方式和工作方法成为遵循

---

[1]《习近平在中共中央政治局第十一次集体学习时强调 推动全党学习和掌握历史唯物主义 更好认识规律更加能动地推进工作》，新华网 2013 年 12 月 4 日。

法律、运用法律的领导方式和领导方法，树立依法办事的良好作风。要求党在宪法和法律的范围内活动。对此，习近平总书记指出："社会主义法治必须坚持党的领导，党的领导必须依靠社会主义法治。法是党的主张和人民意愿的统一体现，党领导人民制定宪法法律，党领导人民实施宪法法律，党自身必须在宪法法律范围内活动，这就是党的领导力量的体现。党和法、党的领导和依法治国是高度统一的。"[1] 要求领导干部对法律怀有敬畏之心，牢记法律红线不可逾越、法律底线不可触碰，带头营造办事依法、遇事找法、解决问题用法、化解矛盾靠法的法治环境，谋划工作要运用法治思维，处理问题要运用法治方式，说话做事要先考虑一下是不是合法，提高运用法治思维和法治方式深化改革、推动发展、化解矛盾、维护稳定能力。

第三，要真抓实干、转变作风。这是坚决反对形式主义、官僚主义的目的要求。形式主义、官僚主义问题的解决，最终表现在真抓实干和作风的转变。这就要求我们，从密切党群关系、巩固党的执政地位的政治高度审视"四风"特别是形式主义、官僚主义问题，贯彻落实中央八项规定精神，弘扬真抓实干作风，着力解决对党中央精神不求甚解、照抄照搬，贯彻落实党中央重大决策部署方面不敬畏、不在乎、喊口号、装样子、表态多调门高、行动少落实差、应景造势、敷衍塞责、出工不出力，服务群众消极应付、冷硬横推，服务发展不担当、不作为、乱作为、假作为，检查调研搞形式、走过场、重留痕、轻效果等突出问题，端正学风，改进文风会风，求真务实，真抓实干，知行不一，推进工作实打实、硬碰硬，解决问题雷厉风行、见地见效，面对难题敢抓敢管、敢于担责，出实招、干实事、求实效，立足实际，为民服务。

---

[1]《习近平：领导干部要做尊法学法守法用法的模范 带动全党全国共同全面推进依法治国》，《人民日报》2015年2月3日。

四、持续深化纠治查处整治突出问题

动员千遍，不如问责一次。解决形式主义、官僚主义问题，不仅要靠教育、理想信念、宗旨意识，靠树立正确的政绩观、转变领导方式工作方法等，还要靠以眼里不揉沙子的认真劲儿，制定整治措施，建立健全长效机制，严格执行制度，踏石留印，抓铁有痕，持之以恒地进行整治。对此，习近平总书记要求："各地区各部门党委（党组）要履行主体责任，紧盯形式主义、官僚主义新动向新表现，拿出有效管用的整治措施。"[1]

要重点纠治。突出重点，牵住"牛鼻子"，抓住主要矛盾，才能以点带面，层层推进，取得良好的纠治成效。形式主义、官僚主义问题在全国各地方、各部门、各单位的表现是有所差异的，纠治重点也会有所不同。根据中共中央办公厅印发的《关于巩固深化"不忘初心、牢记使命"主题教育成果的意见》，从全国来看，"重点纠治贯彻落实党中央决策部署装样子、做选择、搞变通，维护群众利益不担当不作为特别是漠视人民群众生命安全和身体健康，发文开会不切实际，落实工作重'形'不重'效'、重'痕'不重'绩'，督查检查考核大范围要台账资料，多头重复向基层派任务要表格等问题"。中共中央办公厅印发的《关于持续解决困扰基层的形式主义问题为决胜全面建成小康社会提供坚强作风保证的通知》指出，在全国范围内，重点纠治的是贯彻落实党中央决策部署中的形式主义问题、文山会海反弹回潮等问题。各地区各部门各单位，要认真履行主体责任，建立健全理论学习、检视问题的长效机制，把自己摆进去，立足自身实际，对表对标，找全找准自己的重点问题，并扭住重点，查明原因，制定对策措施，列出时间表，认真地逐项加以纠治。

---

[1]《习近平在十九届中央纪委三次全会上发表重要讲话》，新华网 2019 年 1 月 11 日。

要严肃查处。这就要求各级党委特别是各级纪检监察机关认真履行职责，把整治形式主义、官僚主义摆突出位置来抓，将防止和克服形式主义、官僚主义深度融入巡视巡察、党委督查、干部考察考核、民主生活会、年度述职等制度，建立健全抓实整改的长效机制，运用听取汇报、个别谈话、检查抽查、列席民主生活会等形式加强日常监督，加强对贯彻落实"两个维护"情况的督促检查，做好来信来访来电网络举报受理，在重要时间节点如元旦、春节、清明节、五一节、中秋节、国庆节等开展明察暗访，开展巡视巡察，对发现的不敬畏、不在乎、空泛表态、敷衍塞责、弄虚作假、阳奉阴违等形式主义、官僚主义问题，要敢于较真碰硬，严格依据党章党规党纪特别是《中国共产党纪律处分条例》《中国共产党问责条例》等严肃查处，对典型案例一律通报曝光。

要自查自纠。自己得什么病，往往自己最清楚。各地区各部门各单位要站在政治的高度，认真履行责任，坚持以上率下，坚持问题导向和刀刃向内，每年对自身的形式主义、官僚主义问题纠治情况进行严肃认真的自查，深入查找贯彻落实党的理论和路线方针政策上存在的政治偏差、贯彻党中央决策部署只表态不落实、维护群众利益不担当不作为特别是漠视人民群众生命安全和身体健康、多头发文层层开会等突出问题，防止对整改工作敷衍了事、对发生的问题视而不见、一谈形式主义和官僚主义问题都是别人的等错误倾向，哪些问题已经整改到位，哪些问题需要继续整改，要做到心中有数，建立台账，加强督促整改。对形式主义、官僚主义的新表现、新动向进行梳理，作为下一年度纠治重点任务，持续深化整治，守住精文减会硬杠杠，不发不切实际、内容空洞的文件，不开应景造势、不解决问题的会议，改进督查检查考核方式方法，防止反弹回潮。要建立完善制度。习近平总书记在十九届中央纪委四次全会上指出："要通过清晰的制度导向，把干部干事创业的手脚从形式主义、官僚主义的桎梏、'套路'中解脱出来，形成求真务实、清正廉洁的新风正气。"[1] 要针对形式主义、官僚主义问题，制定有针对性的制度措施，完善考核评价机制和鼓励干部担当作为的激励机制，堵塞制度漏洞，推动为基层减负工作不断取得新成效，防止形式主义、官僚主义问题的再次发生。

---

[1] 《习近平在十九届中央纪委四次全会上发表重要讲话》，新华网 2020 年 1 月 13 日。

第九章

在专项整治中守初心担使命

专项整治是守初心担使命的有效方法和重要抓手,也是我们党的成功经验。要修好党的建设的永恒课题和党员、干部的终身课题,必须坚持问题导向,围绕、聚焦动摇党的根基、阻碍党的事业的问题,综合分析,部门联动、上下互动,每年确定若干突出问题进行专项整治,并适时组织专项检查,在解决突出问题中守初心担使命。

一、专项整治是守初心担使命的有效方法和重要抓手

开展专项整治，集中治理突出问题，是我们党的显著特点和优势，是我们党自我革命精神的重要体现，是守初心担使命的有效方法。回望历史，我们党之所以从弱小走向强大、从苦难走向辉煌，很重要的一点是，每到关键时刻，党都会集中整顿队伍、解决问题。延安时期，针对党内存在的主观主义、宗派主义和"党八股"等问题，我们党及时开展了大规模的整风运动。改革开放以来，为解决党内革命意志退化、政治意识淡化、先进性纯洁性弱化等问题，我们党先后开展整党工作，以及"三讲"、保持共产党员先进性、学习实践科学发展观等重大教育活动。党的十八大以来，党中央先后部署开展党的群众路线教育实践活动、"三严三实"专题教育、"两学一做"学习教育、"不忘初心、牢记使命"主题教育，环环相扣、步步深入，党的先进性纯洁性明显提高。抓好专项整治工作，关系到习近平新时代中国特色社会主义思想和党中央决策部署的贯彻落实，关系到把全面从严治党引向深入，关系到党员、干部敢干事、能干事、干成事，关系到主题教育的成效。各级党员、干部要从树牢"四个意识"、坚定"四个自信"、坚决做到"两个维护"的政治高度，切实把思想和行动统一到习近平总书记的重要指示精神和中央决策部署上来，把开展专项整治作为践行"两个维护"的实际行动，作为保持党同人民群众血肉联系的现实需要，作为推进全面从严治党的重要抓手，提高政治站位，强化责任担当，以更高的标准、更实的举措、更严的纪律，着力解决人民群众最关心最现实的利益问题。要以检视问题为关键、以整改落实为目

的，全面查找党内存在的违背初心和使命的各种问题，以彻底的自我革命精神加以解决。越是长期执政，越不能忘记党的初心使命，越不能丧失自我革命精神。每一个党员、干部特别是领导干部，要常怀忧党之心、为党之责、强党之志，认真开展好专项整治，不掩饰缺点，不文过饰非，坚决同一切弱化党的先进性和纯洁性、危害党的肌体健康的现象作斗争，不断实现自我净化、自我完善、自我革新、自我提高。要注重实际效果，解决实际问题。凡是不利于党和人民事业的，就坚决改、彻底改、一刻不耽误地改。

开展专项整治是守初心担使命的重要抓手，是我们党集中治理突出问题的重要方法。马克思主义政党的一个鲜明特点，就是善于自我净化、自我完善、自我革新、自我提高。前些年腐败现象滋长蔓延、政治生态受到严重污染，我们党既以零容忍的态度"打虎""拍蝇"，更注重通过学习教育来坚定信仰信念、洗涤思想灵魂、回归传统本色，使党的作风形象焕然一新。但前进道路上，新情况新问题层出不穷，迫切需要紧盯思想、组织、作风等方面的突出问题，扎实抓好主题教育，做到一锤接着一锤敲、一仗接着一仗打，这样才能使我们党始终保持先进性纯洁性。近年来，我们党回应群众关切，先后专项整治公款吃喝、超标配备公车、滥建楼堂馆所等问题，取得显著成效。专项整治作为一个解决突出问题的好办法，好就好在切口小、发力准、效果好。"不忘初心、牢记使命"主题教育中，不少地方和部门从一开始就按照党中央的要求，部署开展专项整治和集中治理，对专项整治任务进行细化具体化，明确责任单位，梳理主要问题，提出整改措施，取得积极效果。

二、聚焦动摇党的根基、阻碍党的事业的问题

党中央为了确保"不忘初心、牢记使命"主题教育取得实效，结合当前正在做的事情、聚焦解决党内存在的突出问题，部署了八个方面的专项整治内容。这八个方面突出问题，都是可能动摇党的根基、阻碍党的事业的问题，必须以彻底的自我革命精神加以解决。正如习近平总书记所强调的那样，要坚持问题导向，真刀真枪解决问题。各地区各部门各单位认真学习贯彻习近平总书记重要指示精神，以正视问题的自觉和刀刃向内的勇气，切实抓好这八个方面突出问题的专项整治。

一是整治对贯彻落实习近平新时代中国特色社会主义思想和党中央决策部署阳奉阴违的问题。对贯彻落实情况进行自查自纠，逐条梳理，建立台账。重点看习近平总书记重要指示批示的要求有没有落实、问题有没有解决、现状有没有改变。对已经落实的，要抓好巩固提高；对尚未落实或落实不到位的，要一一查明原因，明确时限要求和工作措施；对存在不扎实、不落实问题的，要区别情况予以问责。整治情况要形成专项报告。

二是整治不担当不作为的问题。紧紧围绕做好稳增长、促改革、调结构、惠民生、防风险、保稳定各项工作，推进三大攻坚战，特别是防范化解重大风险、破解供给侧结构性改革难题、解决关键领域核心技术"卡脖子"问题、解决党的建设面临的紧迫问题，紧紧围绕本地区本部门本单位中心任务，聚焦工作思路措施不当、指导推动不力，不敢面对问题、触及矛盾，工作长期没有实质性进展、群众反映强烈的问题长期得不到解决等问题，深查细纠精神不振、不担当不作为的具体表现，一项一项进行整治。

三是整治违反中央八项规定精神的突出问题。聚焦违规吃喝、违规收受礼品礼金、违规操办婚丧喜庆事宜等问题，聚焦领导干部违规参加各类

研讨会、论坛等问题，抓好整治。根据中央要求和工作实际，健全制度规范。

四是整治层层加重基层负担的问题。按照"基层减负年"的工作要求，把力戒形式主义、官僚主义作为主题教育重要内容，聚焦层层发文、层层开会、督查检查考核过多过频等问题，一件一件抓实整改。中央和国家机关要带头开展形式主义问题大排查。全面清理规范"一票否决"和签订责任状事项。

五是整治领导干部配偶、子女及其配偶违规经商办企业的问题。省区市要按照中央有关政策进行规范、整治，在中央单位抓紧开展试点，推动领导干部廉洁从政、秉公用权。

六是整治侵害群众利益的问题。聚焦扶贫领域腐败和作风问题，聚焦教育医疗、环境保护、食品药品安全等民生领域侵害群众利益问题，聚焦发生在群众身边的不正之风和"微腐败"问题，聚焦统计造假问题，进行集中治理。

七是整治基层党组织软弱涣散的问题。以农村为重点，以县为单位，对软弱涣散村党组织进行集中排查，不设比例、应整尽整，"一村一策"制定整顿措施。对街道社区、非公企业和社会组织等其他领域软弱涣散基层党组织，要逐个排查摸底，找准突出问题，精准施策，抓好集中整治。继续抓好排查解决农村发展党员违规违纪问题试点工作。

八是整治对黄赌毒和黑恶势力听之任之甚至充当保护伞的问题。将扫黑除恶专项斗争与反腐败斗争和基层"拍蝇"结合起来，推进"打伞破网"，使人民群众安全感、满意度明显提升。

三、确定专项整治的突出问题

要解决形式主义突出问题，为基层减负。"上面千条线，下面一根针"，很多形式主义问题，占用基层党员、干部大量时间、耗费大量精力，这种状况必须改变！要把党员、干部从一些无谓的事务中解脱出来，从提供材料的忙乱中解放出来。以党的政治建设为统领，坚决破除形式主义、官僚主义，持续强化整治这一顽瘴痼疾的决心，拿出有效管用的整治措施，务求更大实效。教育引导党员、干部牢记党的宗旨，坚持实事求是的思想路线，树立正确政绩观，把对上负责与对下负责统一起来。从领导机关首先是中央和国家机关做起，开展作风建设专项整治行动，发扬斗争精神，对困扰基层的形式主义问题进行大排查，着重从思想观念、工作作风和领导方法上找根源、抓整改，各地区各部门党委（党组）书记负总责，拿出切实管用的措施，同形式主义、官僚主义作坚决斗争。要认真贯彻落实中央八项规定及其实施细则精神，从中央层面做起，层层大幅度精简文件和会议，严格控制层层发文、层层开会，着力解决文山会海反弹回潮的问题。加强计划管理和监督实施，着力解决督查检查考核过多过频、过度留痕的问题。强化结果导向，考核评价一个地方和单位的工作，关键看有没有解决实际问题、群众的评价怎么样。坚决纠正机械式做法，不得随意要求基层填表报数、层层报材料，不得简单将有没有领导批示、开会发文、台账记录、工作笔记等作为工作是否落实的标准，不得以微信工作群、政务APP上传工作场景截图或录制视频来代替对实际工作评价。调查研究、执法检查等要轻车简从、务求实效，不干扰基层正常工作。《关于新形势下党内政治生活的若干准则》规定："反对形式主义，重在解决作风飘浮、工作不实，文山会海、表面文章，贪图虚名、弄虚作假等问题。"

专项整治漠视侵害群众利益问题。聚焦扶贫领域腐败和作风问题，教育医疗、环境保护、食品药品安全等民生领域侵害群众利益问题，发生在群众身边的不正之风和"微腐败"问题，统计造假问题等进行整治。贫困地区义务教育阶段孩子辍学、群众看病就医经济负担较重等群众反映强烈、迫切需要解决的问题要集中整治。坚持把整治领导干部利用名贵特产、特殊资源谋取私利问题与专项整治结合起来，统筹推进，督促各地结合实际持续用力、一抓到底。坚持开门搞整治，集中公布专项整治监督举报和反映问题方式，接受群众监督，鼓励群众参与。各牵头单位要对整治任务实行项目化推进，结合职能职责细化实化工作方案，对整治项目的目标要求、工作措施、时间进度作出安排，对定量和定性的预期成果指标予以明确；强化目标管理和过程控制，按照预期成果指标倒排工期、狠抓落实，确保取得可检验、可评判、可感知的显著成效。

整治"景观亮化工程"过度化等"政绩工程""面子工程"问题。近年来，在一些地方特别是贫困地区、欠发达地区城镇建设中发现脱离实际、盲目兴建景观亮化设施，搞劳民伤财的"政绩工程""面子工程"。这不仅造成国家财力和社会资源的浪费，而且助长弄虚作假、奢侈浪费的不良风气。要充分认识这些问题的危害性，坚持实事求是、精准施治，稳妥有序抓好整治工作。要深化学习教育，树立正确政绩观。各级领导班子和党员、干部，特别是市县党委、政府领导班子和党员、干部，要深入学习贯彻习近平新时代中国特色社会主义思想，认真学习领会习近平总书记关于"不忘初心、牢记使命"的重要论述，牢记初心使命，践行为民服务宗旨，牢固树立正确政绩观。要深入学习贯彻党的最新文件精神，坚持以人民为中心的发展思想，深入贯彻落实新发展理念，根据本地经济发展现状和财力水平，量力而行推动城市建设和各项事业，把财力真正用到发展和民生急需领域，把补短板、惠民生作为城市建设的重点，切实解决好人民群众的操心事、烦心事、揪心事，不断增强人民群众的获得感、幸福感、安全感。要抓好自查评估，认真整改规范。必要的亮化工程可以搞，但要从实际出发。地方各级党委和政府要全面开展排查和整改，结合主题教育调查研究、检视问题，广泛听取群众意见，对本地景观亮化工程等城镇建设项目进行梳理评估，看是否存在违背城镇发展规律、超出资源环境承载力、超出地方财力、背离人民群众意愿的"政绩工程""面子工程"，一项一项对照检查，对违规建设的行为进行检查和处理。要把"当下改"与"长久立"结合起来，着眼长效、立足规范，围绕动议、规划、审批、建设等方面建立健全相关机制，从源头上防止"政绩工程""面子工程"。要落实整治责任，加强督促指导。

四、整体推进问题解决

加强部门联动、上下互动，整体推进问题解决。要聚焦中央提出的八个方面突出问题，发扬自我革命精神，以正视问题的自觉和刀刃向内的勇气，掌握科学的思想方法和工作方法，做到具体整治、系统整治、源头整治、扎实整治、开门整治，确保取得更多让群众看得见、摸得着的成效。问题绕不开躲不过，应当有敢于触及矛盾、解决问题的责任担当。解决问题关键是科学分析问题、深入研究问题，弄清问题性质、找到症结所在。问题分析、研究得越透彻，解决起来就越有针对性。要坚持具体问题具体分析，做到对症下药、有的放矢，一把钥匙开一把锁；要善于透过现象看本质，从繁杂问题中把握事物的规律性，从苗头问题中发现事物的倾向性，从偶然问题中揭示事物的必然性，努力实现从感性认识到理性认识的飞跃；

要抓住事关全局的重要问题，带动全局工作，推进事业全面发展。领导干部坚持以解决问题为工作导向，瞄着问题去，追着问题走，把化解矛盾、破解难题作为履职尽责的第一要务。要始终坚持守土有责、守土负责、守土尽责，碰到难题敢于触及，遇到矛盾主动解决，想方设法把问题化解在萌芽状态，解决在职责范围之内，决不能敷衍了事、上交矛盾。要对照形势发展的新要求，抓紧解决本地区本部门本单位长远发展的重大问题，切实加强薄弱环节，努力开创事业发展新局面。要对照人民群众的新期待，抓紧解决工作中存在的损害人民群众利益的突出问题，更好地让人民群众共享改革发展成果。要对照党章的标准和要求，从习以为常的现象中发现思想作风方面存在的倾向性、苗头性、潜在性问题，坚决及时纠正，防患于未然。要以刮骨疗毒、壮士断腕的决心，以直面问题、自我揭丑的勇气解决自身存在的问题；要以无私无畏、认真负责、敢于担当的正气解决群众生产生活中的问题，不断提升服务群众、服务基层、服务发展的能力和水平，集聚推动发展的正能量。对于群众反映的问题，要不等不靠，始终保持清醒头脑，不掩盖矛盾，不得过且过，认真分析研究问题产生的原因，采取更加有力的措施加以解决。

要严格对标对表，不折不扣地解决问题。把贯彻落实习近平新时代中国特色社会主义思想和党中央决策部署存在突出问题专项整治作为首要任务，重点看习近平总书记重要指示批示的要求有没有落实、问题有没有解决、工作有没有提升，推动中国特色社会主义各项事业始终沿着习近平总书记指引的方向奋力前进。要下更大气力整治生态环保、民生领域等侵害群众利益的问题，不断增强人民群众获得感、幸福感、安全感。注重精准施策，进一步把问题找准、把根源挖深、把措施做实，把握政策标准和工作要求，做到对症下药、靶向治疗，确保专项整治任务落细落小。要坚持统筹兼顾，举一反三、以点带面，把开展专项整治与打好三大攻坚战、推进经济社会持续健康发展统筹起来，把解决当前问题与解决长远问题统筹起来，做到"两手抓、两促进"。要健全长效机制，坚持边整改边完善、边推进边总结，将实践中行之有效的做法及时上升为制度，把阶段性成效转化为制度性成果，不断提高专项整治质量效果。

要注重实际效果，解决实质问题。党员、干部要以习近平新时代中国特色社会主义思想为指引，强化守初心担使命的行动自觉，把自己摆进去，检视党性修养的关键问题、改革发展的突出问题、触及灵魂的根本问题。要有正视问题的自觉和刀刃向内的勇气，敢于动真碰硬，真刀真枪解决问题。要深入开展调查研究，搞清楚问题是什么、症结在哪里，在此基础上拿出破解难题的实招、硬招。不能搞"出发一车子、开会一屋子、发言念稿子"式调研，不能搞"盆景式""作秀式"调研。应强化对调查研究重要性的认识，不仅要"身入"，更要"心入""情入"。通过调研形成的调研报告，要做到问题有出处、数据有分析、报告有建议、解决有对策。针对存在的问题特别是调查研究搞清楚的问题，必须认真检视反思，把问题找实、把根源挖深。我们党是勇于自我革命的马克思主义政党，党员、干部要敢于直面问题。检视问题不能大而化之、隔靴搔痒，避重就轻、避实就虚。要对照习近平新时代中国特色社会主义思想和党中央决策部署，对照党章党规，对照初心使命要求，查摆自身不足，查找工作短板，深刻检视剖析，把问题一个一个摆出来，原因一条一条查出来，形成清晰明了的问题清单，为整改落实提供精准靶向。把"改"字贯穿始终，要求主题教育一开始就紧抓问题整改不放，对调研了解的问题、群众反映强烈的问题、民主生活会查摆出来的问题等列出清单、逐项整改。各地区各部门要奔着问题抓整改、带着任务抓落实，确保专项整治有力有序、整体推进。要找准每个专项整治的切入点，确定目标任务，明确责任主体、进度时限和工作措施，逐条逐项推进落实。对当前能够解决的问题，要立查立改、即知即改；对一时解决不了的，要制定阶段目标，盯住不放，持续整治，做到问题不解决不松劲、解决不彻底不放手、群众不认可不罢休。

要压实领导责任，完善整改落实责任链条，形成一级抓一级、层层抓落实的工作格局。各级党委（党组）要担起主体责任，主要负责同志要履行第一责任人责任，各级领导干部要以身作则抓整改，带头检视自己、改进自己、提高自己，发挥好领导指导和示范引领作用。要全面增强解决问题的本领。要增强学习本领，勤于学习、善于学习、终身学习，既博览群书又术业有专攻，通过学习与时俱进、保持先进，依靠学习走向未来。增强政治领导本领，坚持战略思维、创新思维、辩证思维、法治思维、底线思维。增强改革创新本领，保持锐意进取的精神风貌。增强科学发展本领，善于贯彻新发展理念，不断开创发展新局面。增强依法执政本领，加快形成覆盖党的领导和党的建设各方面的党内法规制度体系。增强群众工作本领，创新群众工作体制机制和方式方法，推动工会、共青团、妇联等群团组织增强政治性、先进性、群众性。增强狠抓落实本领，坚持说实话、谋实事、出实招、求实效，把雷厉风行和久久为功有机结合起来，勇于攻坚克难，以钉钉子精神做实做细做好各项工作。增强驾驭风险本领，健全各方面风险防控机制，善于处理各种复杂矛盾，勇于战胜前进道路上的各种艰难险阻，牢牢把握工作主动权。

五、适时组织开展专项检查

专项检查是推进专项整治落实落地的有力抓手。要深入开展专项检查工作，做到思想深化、措施具体、行动迅速，按照"谁有问题谁整改、整改不力必问责"的要求，逐项明确整改措施、责任、时限和要求，做到立查立改、真查真改、深查深改。要坚持以问题为导向，推动突出问题整改落实到位；要坚持主题教育同中心工作和重点工作紧密结合，做到主题教育与业务工作深度融合、相互促进；要坚持压实责任，确保党中央"不忘初心、牢记使命"主题教育决策部署不折不扣落实到位。要确保专项检查取得实效，严格按专项检查方案和纪律要求开展工作，不放大、不缩小，不搞形式主义，不给基层增加负担，增强检查工作的程序性和规范性，对应付整改、敷衍整改、虚假整改的，综合运用"四种形态"进行严肃问责追责，为营造风清气正的政治生态保驾护航。

对问题较多的地区和单位重点查访。要组建工作专班，实行目标化引领、项目化推进、过程化管理、清单化销号。找准切入点、突破口，明确目标任务、责任主体、工作措施和进度时限，逐条逐项推进落实，确保所有问题整改见效、销号"清零"。对有明确时限要求的任务，要不折不扣按期保质保量完成；对一时解决不了的问题，要集中攻关，紧盯不放，持续抓好整治，做到问题不解决不松劲、解决不彻底不放手、群众不认可不罢休，决不能草草收场。要坚持开门搞整治，请群众参与、让群众评判、受群众监督。对典型案例和专项整治情况，采取适当方式向党员、干部和群众通报。要采取定向督导、重点查访等方式持续跟踪问效，发现问题及时反馈，防止专项整治虎头蛇尾、前紧后松、上热下冷、敷衍塞责。

对专项整治不力或搞形式走过场的严肃批评、督促改正。既追究主体责任、监督责任，还要追究领导责任、党组织责任，确保问题整改"见底清零"，确保专项整治取得扎扎实实的成效。学习教育不对基层党员写读书笔记、心得体会等提出硬性要求，同时也要避免蜻蜓点水、浅尝辄止。调查研究要接地气,注重解决问题。检视问题要坚持刀刃向内,不能大而化之、隔靴搔痒,避重就轻、避实就虚。整改落实要坚持边学边查边改,不能久拖不决、纸上整改。对变形走样的要及时指出并予以纠正,对搞形式、走过场的,要严肃批评,通报曝光,促其改正。对群众不满意的及时"返工""补课",决不能草草收场,留下后遗症。

第十章

在遵规守纪、廉洁从政中守初心担使命

没有规矩，不成方圆。遵规守纪、廉洁从政是党员、干部的底线，是守初心担使命的要求。要修好党的建设的永恒课题和党员、干部的终身课题，守初心担使命，必须正确处理公私、义利、是非、情法、亲清、俭奢、苦乐、得失的关系，严格遵守党的纪律规矩，注意家庭家教家风，常态化开展警示教育，廉洁用权，清白做人，干净做事，永葆为民务实清廉的政治本色。

一、遵规守纪、廉洁从政是守初心担使命的要求

守初心担使命首先要守纪律、讲规矩。党员、干部的初心使命就应该是加入党组织时的庄严誓言和参加工作时的美好愿望。"纪律不彰，必失其威；规矩不严，必坏其纲。"对于党员、干部而言，无视纪律，任性而为，将会滑向万丈深渊；心中有纪，从政之路才能走得平稳踏实。要想"不守规矩"的悲剧不发生在自己身上，就要时刻把纪律和规矩挺在前面，加强党性修养，增强拒腐防变能力，永葆党员本色。要始终做到随时牢记自己的初心和使命，敬畏组织、敬畏制度、敬畏法纪、敬畏人民、敬畏工作，永远保持一颗纯洁之心，履好职、尽好责，开展好各项工作。要始终向党看齐，做到"勿忘初心，奋斗终身"。只有始终遵规守矩，做到"人在纪中，纪在心中"，始终修偏正向，做到"任歪风邪雨来袭，我自岿然不动"，才能成为一名合格的共产党员。

党员、干部在遵规守矩中不忘初心、牢记使命就要常学党的理论、坚守党的规矩、落实党的行动，讲政治、顾大局、守纪律。要严格按照党的制度和规矩办事，心存对信仰的敬畏、对组织的敬畏、对法纪的敬畏、对群众的敬畏、对责任的敬畏，做到心中有纪，心中有矩，心中有责，心中有戒。要感情服从原则，人情服从党性，利益服从政策，主观服从客观，自觉做到按政策原则议事决策，按法规原则处理问题。无规矩不成方圆。共产党有铁的纪律、组织原则，党员该请示汇报就请示汇报，该按程序办就严格按程序办，该发扬民主就发扬民主。

党员、干部在遵规守矩中不忘初心，要以思想自觉引领行动自觉。要

自觉用党章规范言行,在守纪律、讲规矩方面作表率。纪律是"高压线","碰不得",纪律面前没有"特殊"二字。党的纪律,党组织和党员、干部必须无条件执行,党内决不允许有不受纪律约束的特殊党员。党员、干部要从思想上绷紧党的规矩这根弦,念牢党的纪律"紧箍咒",树立规矩面前人人平等、纪律面前没有特权、制度约束没有例外的意识,自觉地以党规党纪约束自己,任何时候都不说违背党的规矩的话、不做违背党的纪律的事、不当破坏党的原则的人,真正把规矩置于思想之上,任何情况下遵规守纪不犹豫、不含糊、不动摇,自觉地做到人前人后一个样、台上台下一个样、工作内外一个样,着力成为表里如一、言行一致的老实人。要以党规、法律、道德为准绳,自觉做政治上的明白人、工作中的老实人、生活中的干净人。党员、干部在遵规守矩中不忘初心,要做到思想上统一、政治上同心、情感上认同、行动上同步,做到心中有党。

守初心担使命必须做到廉洁从政。强化廉洁从政道德修养,做到修身律己,拒腐蚀、永不沾,慎独、慎微、慎始、慎初、慎交、慎处,净化朋友圈,纯洁社交圈,常修为政之德、常思贪欲之害、常怀律己之心,树立共产党员的良好形象。始终慎用公权,牢记权力来自于谁,服务于谁,做到依法用权、民主用权、透明用权、公正用权,严守纪法底线,做到一身正气、两袖清风。各级党委要增强使命意识,把推进全面从严治党的责任扛在肩上。一是扛起领导反腐败工作责任,进一步落实党委(党组)主体责任,尤其是党委(党组)书记要切实履行好第一责任人职责,重要工作亲自部署、重大问题亲自过问、重要环节亲自协调、重要案件亲自督办。班子成员要严格落实"一岗双责"。各级纪委监委要认真履行监督责任,为推进全面从严治党提供政治保证。二是扛起推进作风建设责任。从查处的腐败案件看,不少人违纪违法是从作风上出问题开始的。因此,各级党委和纪委要有清醒认识，坚持不停步、再出发，要拿出恒心和韧劲，继续在常和长、严和实、深和细上下功夫，管出习惯、抓出成效、化风成俗。各级纪委要持之以恒纠"四风"，既紧盯老问题，又关注新动向，加大监督检查力度，有效防止反弹回潮。各级领导干部要带头转变作风，以上率下，形成"头雁效应"。三是扛起选人用人责任。严格按照习近平总书记提出的好干部标准，规范选人用人工作，改进考核评价办法，完善容错纠错机制，不断提高选人用人的公信度。四是扛起监督管理干部责任。干部出问题、组织有责任。各级党组织要抓好警示教育，对发生在身边的严重违纪违法案件进行深入剖析，追根溯源，反思责任，用典型案例当头棒喝，使干部受警醒。深化运用监督执纪"四种形态"，把严管厚爱融入日常管理和监督中。

二、正确处理"八对关系"

正确处理公私关系。习近平总书记在第十八届中央纪律检查委员会第三次全体会议上的讲话中指出："在作风问题上，起决定作用的是党性，衡量党性强弱的根本尺子是公私二字。古人说：'一心可以丧邦，一心可以兴邦，只在公私之间尔。'作为党的干部，就是要讲大公无私、公私分明、先公后私、公而忘私，只有一心为公、事事出于公心，才能坦荡做人、谨慎用权，才能光明正大、堂堂正正。作风问题，很多是因公私关系没有摆正产生的。作风问题有的看起来不大，几顿饭、几杯酒、几张卡，但都与公私问题有联系，都与公款、公权有关系。公款姓公，一分一厘都不能乱花；公权为民，一丝一毫都不能私用。领导干部必须时刻清楚这一点，做到公私分明、克己奉公、严格自律。"[1]近年来，有的基层党员、干部借口公务活动"小吃小拿"，利用公权之便"小卡小要"，或趁生日节日铺张浪费、红白喜事收受财物。而有些党组织对此并不及时提醒、批评和纠正，认为这是"小问题"，不要吹毛求疵、求全责备。这种认识和态度是非常错误的。这些"小腐败"点多线长、面广多发，离人民群众最近，像白蚁食木一样地啃噬党员、干部形象，削弱党的执政根基。如果对这些问题置之不理，或者适度容忍，那么，必然会积小腐成大腐、积小贪成大贪，使一些干部一步步滑向腐败深渊。

正确处理义利关系。在市场经济中，某些党员、干部宗旨意识淡薄，在个人利益与集体利益冲突时，重私利，轻大义，忘记了作为一名党员、干部所应承载的责任与使命。党员、干部要时刻铭记自己的公仆身份，使用权力为民办事。要坚持正确义利观，做到义利兼顾，讲信义、重情义、扬正义、树道义。我们党作为马克思主义政党，不是因利益而结成的政党，而是以共同理想信念而组织起来的政党，除了人民利益之外没有自己的特殊利益。新时代面对义与利的考验，每名党员、干部都要牢固树立"以身许党许国、报党报国"的大情怀，"苟利国家生死以，岂因祸福避趋之"的大境界，"计利当计天下利、求名应求万世名"的大胸襟，自觉跳出"小我""小利益""小圈子"的局限，在大局下思考、在大局下行动，做到重义轻利、以义为先。要牢记自己的第一身份是共产党员，第一职责是为党工作，第一目标是为民谋利，切实扛起对党、对国家、对人民群众的责任担当，为党执好政、为民掌好权。要不断强化宗旨意识、站稳群众立场，坚持以人民为中心的发展思想，无论是想问题、搞研究，还是作决策、办

---

[1] 中共中央纪律检查委员会、中共中央文献研究室编：《习近平关于党风廉政建设和反腐败斗争论述摘编》，中央文献出版社、中国方正出版社2015年版，第79—80页。

事情，始终把党和人民放在首位，一切以党和人民的利益为重，克服一切脱离群众、违背群众意愿、损害群众利益的私心杂念，着力增强人民群众的获得感、幸福感、安全感。

正确处理是非关系。党员、干部必须树牢正确的是非观，做到善于明辨是非、善于决断选择，始终保持鲜明的是非观念和共产党人的政治本色。新时代面对是与非的考验，每名党员、干部都要坚持不懈用习近平新时代中国特色社会主义思想武装头脑，筑牢信仰之基、补足精神之钙、把稳思想之舵，始终在政治立场、政治方向、政治原则、政治道路上同以习近平同志为核心的党中央保持高度一致，任何时候任何情况下都忠诚于党、表里如一，自觉做政治上的明白人、老实人，绝不做两面人、搞"伪忠诚"。

正确处理情法关系。正确认识和处理人际关系，做到既有人情味又按原则办。1950年，毛泽东舅家文氏四兄弟去信北京告了"乡状"，但毛泽东没有支持舅家，反而给当地县长写信，不同意给文氏兄弟"特殊救济"，否则将"引起一般人民不满"。[1]有的乡邻故交，也想"借力发力"，但毛泽东明察秋毫，一概拒绝。毛泽东同志既不薄情寡义又能坚守原则，很好地处理好两者之间的矛盾与关系，从而在源头上牢牢实实堵住了权力异化的口子，为领导干部坚持原则、自觉抵制特殊化作出了表率。不过，一些领导干部并没有将榜样牢记于心，反而在亲情、友情面前，将党纪党规和原则立场抛之脑后，或留"暗门"，或开"天窗"，或打"擦边球"，变着手段给自己的亲朋好友提供各类"帮助"，解决各类"困难"，有的甚至还帮过了头，走上了贪污腐败、违法犯罪的道路。俗话说"法律不外乎人情"，可是在法律和人情闹矛盾的时候，作为党员、干部就必须清醒地认识到原

---

[1] 参见丁晓平：《光荣梦想：毛泽东人生七日谈》，人民出版社2019年版，第189页。

则和人情的轻重。若是为了照顾人情，为了面子，为了不得罪人而拿原则做人情，就会把人情庸俗化，也难免会触犯党纪国法。如此人情就是不正确的、不合法的，长期如此必将引发祸患。其实，原则与人情是矛盾体也是统一体，它们的关系并非"鱼和熊掌"，也不是天生的死对头。相反，原则性和人情味是相互补充、相互促进的。只不过，人情必须以法律和原则为前提，需要融入法治精神，若是少了法治与原则，人情自然要变味道的。党员、干部在处理情法关系的问题上，要把定原则，掌好分寸，做到既有人情味能帮助大众，又不违背原则能公平正义，真正让人情味和原则性成为领导干部的一种人格魅力。

正确处理亲清关系。面对纷繁的物质利益，要构建"亲""清"的新型政商关系，做到君子之交淡如水，官商交往要有道，相敬如宾，而不要勾肩搭背、不分彼此。对党员、干部而言，所谓"亲"，就是要坦荡真诚同民营企业接触交往，特别是在民营企业遇到困难和问题情况下更要积极作为、靠前服务，对非公有制经济人士多关注、多谈心、多引导，帮助解决实际困难；所谓"清"，就是同民营企业家的关系要清白、纯洁，不能有贪心私心，不能以权谋私，不能搞权钱交易。从这些年查办案件的情况看，相当一部分违纪违法案件特别是大案要案，都与党员、干部利用职权违规插手市场经济活动有关，因此必须严格禁止。

新时代面对"亲"与"清"的考验，每名党员、干部都可以有正常的社会交往，但要有原则、有界限、有规矩，守住底线、把好分寸，自觉净化自己的社交圈、生活圈、朋友圈，善交益友、乐交净友、不交损友，决不能把人际交往异化为酒肉关系、金钱关系和交换关系，决不能把政商关系变成权钱交易的利益同盟。要把干净和担当、勤政和廉政统一起来，主动与企业家做好联系交友工作，明晰权力界限，恪守法治底线，坚持诚信原则，秉持公正标尺，多关注、多谈心、多引导，等距离交往、无差别服务，做到"亲"不逾矩、"清"不远疏。要敢于与企业家当"肝胆"、做朋友，既不"勾肩搭背"，也不"背对着背"，正大光明解难题、理直气壮做服务，既要锦上添花，更要雪中送炭，决不能为了避嫌而谈商变色、敬而远之，更不能事不关己而冷眼旁观、无动于衷，甚至雪上加霜。同时，要倡导高尚正派、恬淡健康的生活方式，始终绷紧作风建设这根弦，时刻警惕不法商人的"围猎"和"公关"，决不能在"糖衣炮弹"面前缴械投降、败下阵来，切实以"亲"激发起发展的勃勃生机，以"清"保持好共产党人的良好形象。

正确处理俭奢关系。要坚持勤俭办一切事业，坚决反对讲排场、比阔气，坚决抵制享乐主义和奢靡之风。要大力弘扬中华民族勤俭节约的优秀传统，大力宣传节约光荣、浪费可耻的思想观念，努力使厉行节约、反对浪费在全社会蔚然成风。我们党历来提倡和要求党员、干部任何时候都要践行"艰苦奋斗、勤俭节约"精神，要锲而不舍落实中央八项规定精神，保持党同人民群众的血肉联系。要继续在常和长、严和实、深和细上下功夫，密切关注享乐主义、奢靡之风新动向新表现，坚决防止回潮复燃。继续从严控制党政机关办公楼、接待场所等楼堂馆所建设，禁止违反规定构建、装修办公用房和配置高档办公用品。禁止讲排场、比阔气、挥霍公款、铺张浪费。不准擅自用公款包租、占用客房供个人使用。要牢记"家无俭不旺，国无俭必亡"的道理，坚决摒弃讲排场、比阔气的恶劣习气，坚持勤俭办一切事情，带头过紧日子，努力用我们的"不舒服""不自在"让各族群众过上好日子。

正确处理苦乐关系。"樱桃好吃树难栽"，"幸福不会从天降"，世界上没有坐享其成的好事，要幸福就要奋斗。今天，中国特色社会主义进入新时代，我国发展进入新的历史方位，但我国仍处于并将长期处于社会主义初级阶段的基本国情没有变，我国是世界上最大发展中国家的国际地位没有变。新时代面对苦与乐的考验，每名党员、干部都要以"坐不住、等不起、慢不得"的紧迫感危机感和敢于担当、勇于负责的使命感责任感，以滚石上山的劲头、爬坡过坎的勇气，撸起袖子加油干，努力将"蓝图"变成"施工图""实景图"。要心系百姓疾苦，传承红色基因，"先天下之忧而忧，后天下之乐而乐"，时刻把人民群众的安危冷暖放在心上，把人民群众对美好生活的向往作为奋斗目标，在新时代继续艰苦创业、顽强拼搏，同各族群众一条心、一起苦、一块干。要树立正确的苦乐观，坚持负责任最苦、尽责任最乐，有苦不怕苦、有苦不言苦、有苦不叫苦，勇于挑最重的担子，敢于啃最硬的骨头，善于接最烫的山芋，愿意到条件艰苦的地方去磨砺，甘心把艰苦付出当阶梯，始终保持永不懈怠的精神状态和一往无前的奋斗姿态。

正确处理得失关系。成败得失始终是一道人生考题，要处优而不养尊，受挫而不短志，使顺境逆境都成为人生的财富而不是人生的包袱。习近平总书记任福建省人民政府省长时接受采访，曾指出："熊掌和鱼不可兼得，从政就不要想发财。""而你既要从政，又想发财，就只能去当让人指脊梁骨的赃官、贪官，既名声不好，又胆颤心惊，总怕被人捉住，最后落个不好的下场。"[1] 为官发财，应当两道。既然担任了公职，为公众服务，就要断掉发财的念想。"当官即不许发财"，这是当年爱国将领吉鸿昌警示自己和部属的"碗铭"。对今天的党员、干部来说，尤其要划清"当官"与"发财"的界限，做到权为民所用，情为民所系，利为民所谋，而不能"金黄银白，但见了眼红心黑，哪知头上有青天"，整天以聚敛钱财、富妻荫子为

---

[1] 《习近平：我是如何跨入政界的》，《中华儿女》2000 年第 7 期。

能事。当官即不许发财，这是党的性质宗旨决定的，也是职业要求决定的，应当成为干部从政的底线。要在权力地位、升迁去留面前，保持平常心，丢掉"小九九"，吃得眼前亏，得意不忘形，失意不失志，经得起考验和诱惑，做到名利待遇上不计较、不攀比、不争抢、不失衡，真正守得住清贫、耐得住寂寞、稳得住心神、经得住诱惑，永葆共产党人的政治本色。

保持为民务实清廉的政治本色。习近平总书记曾指出，要做到"清清白白做人、干干净净做事、坦坦荡荡为官"[1]。他同时告诫各级干部"各种诱惑、算计都冲着你来，各种讨好、捧杀都对着你去，往往会成为'围猎'的对象"[2]。作为领导干部，不论职务高低、权力大小，一定要增强抵御诱惑、守住底线、廉洁自律的定力，这是保底工程、保命工程。要谨记一些高级领导干部堕落为腐败分子的惨痛教训，真正把习近平总书记给领导干部算的"政治账""利益账""良心账"记在心里。要保持涵养心态，用平和、淡泊、知足和敬畏之心对待"名、利、位、权"，用珍惜、感恩和进取之心对事业、对组织、对群众，始终保持心境淡定、心态平和。从小事做起，从细节严起，做到慎细微、慎独处、慎身边，净化朋友圈、生活圈，管好家人、身边人，不存私心、不谋私利、不徇私情，做一名组织放心、群众称心、自己安心的好党员、好干部。

三、严守党的纪律规矩

党员、干部要严守党的政治纪律和政治规矩，严格执行《中国共产党廉洁自律准则》《关于新形势下党内政治生活的若干准则》《中国共产党重

---

[1] 习近平：《做焦裕禄式的县委书记》，中央文献出版社2015年版，第11页。
[2] 习近平：《做焦裕禄式的县委书记》，中央文献出版社2015年版，第4页。

大事项请示报告条例》《领导干部报告个人有关事项规定》等,知敬畏、存戒惧、守底线。没有规矩不成方圆。遵守党的政治纪律,最核心的,就是坚持党的领导,坚持党的基本理论、基本路线、基本方略,同党中央保持高度一致,自觉维护党中央权威。在指导思想和路线方针政策以及关系全局的重大原则问题上,全党必须在思想上政治上行动上同党中央保持高度一致。各级党组织和领导干部要牢固树立大局观念和全局意识,正确处理保证中央政令畅通和立足实际创造性开展工作的关系,任何具有地方特点的工作部署都必须以贯彻中央精神为前提。要防止和克服地方和部门保护主义、本位主义,决不允许有令不行、有禁不止,决不允许在贯彻执行中央决策部署上打折扣、做选择、搞变通。每一个共产党员特别是领导干部都要牢固树立党章意识,自觉用党章规范自己的一言一行,在任何情况下都要做到政治信仰不变、政治立场不移、政治方向不偏。必须维护党中央权威,决不允许背离党中央要求另搞一套,听从党中央指挥,不得阳奉阴违、自行其是,不得对党中央的大政方针说三道四,不得公开发表同中央精神相违背的言论。

"欲知平直,则必准绳;欲知方圆,则必规矩。"回溯建党百年的历程,政治规矩始终是党的各级组织和全体党员必须遵守的行为规范。严明政治规矩、立规定制,始终是强化党的建设,落实从严管党治党、从严管理干部队伍的重要遵循。虽然党员队伍主流是好的,但仍有部分党员、干部对政治规矩的基本内涵、基本要求及其重要性缺乏清醒认识。有的干部认为只要不贪不腐,别的问题无足轻重;有的干部把一些政治规矩的严肃要求视为"小事小节";更有甚者,少数党员、干部漠视党的政治规矩,拉山头搞派别,一步步走向腐化堕落的深渊。恪守政治规矩应当成为广大党员、干部的自觉遵循。现实生活中,做到严守政治规矩,就是要坚定信念,始终坚持党的领导，坚持党的基本理论、基本路线、基本方略；就是要在政治方向、政治立场、政治言论、政治行动等方面同党中央保持高度一致，自觉维护党中央权威、对党忠诚；就是要严格遵守党章党规、遵守法律法规、遵守党在长期实践中形成的优良传统和工作惯例，不放纵、不越轨、不逾矩。习近平总书记曾指出："一些人无视党的政治纪律和政治规矩，为了自己的所谓仕途，为了自己的所谓影响力，搞任人唯亲、排斥异己的有之，搞团团伙伙、拉帮结派的有之，搞匿名诬告、制造谣言的有之，搞收买人心、拉动选票的有之，搞封官许愿、弹冠相庆的有之，搞自行其是、阳奉阴违的有之，搞尾大不掉、妄议中央的也有之，如此等等。有的人已经到了肆无忌惮、胆大妄为的地步！而这些问题往往没有引起一些地方和部门党组织的注意，发现了问题也没有上升到党纪国法高度来认识和处理。这是不对的，必须加以纠正。"[1]

一要从遵守和维护党章入手。党章总纲明确提出"坚持党要管党、全面从严治党"，这是党的建设的根本方针。党章规定"党组织必须严格执行和维护党的纪律"，这是对主体责任的具体要求。党章还规定，共产党员要"自觉遵守党的纪律"，"执行党的决定"，"维护党的团结和统一，对党忠诚老实，言行一致，坚决反对一切派别组织和小集团活动，反对阳奉阴违的两面派行为和一切阴谋诡计"。每一个共产党员都要通过深入学习党章，牢固树立党章意识，自觉把党章作为根本的行为准则，用党章规范自己的言行，把遵守党的政治纪律和政治规矩落实到自己的全部工作中去，不论在什么地方、在哪个岗位上，都要经得起风浪考验，做政治上的明白人，不能在政治方向上走岔了、走偏了。每一个共产党员特别是领导干部

---

[1] 中共中央纪律检查委员会、中共中央文献研究室编：《习近平关于党风廉政建设和反腐败斗争论述摘编》，中央文献出版社、中国方正出版社2015年版，第50页。

都要牢固树立党章意识，在任何情况下都要做到政治信仰不变、政治立场不移、政治方向不偏。不论担任何种职务、从事何种工作，首先要明白自己是一名在党旗下宣过誓的共产党员，要用入党誓词约束自己。二要维护党的团结，决不允许在党内培植私人势力。要坚持五湖四海，团结一切忠实于党的同志，团结大多数，不得以人划线，不得搞任何形式的派别活动。党员、干部特别是高级干部不准在党内搞小山头、小圈子、小团伙，严禁在党内拉私人关系、培植个人势力、结成利益集团。对那些投机取巧、拉帮结派、搞团团伙伙的人，要严格防范，依纪依规处理。三要强化程序观念，决不允许擅作主张、我行我素，重大问题该请示的请示，该汇报的汇报，不允许超越权限办事，不能先斩后奏。要少些"迈过锅台上炕"的做法，也少些"事后诸葛亮"的行为。四是必须服从组织决定，决不允许搞非组织活动，不得跟组织讨价还价，不得违背组织决定，遇到问题要找组织、依靠组织，不得欺骗组织、对抗组织。五是必须管好亲属和身边工作人员，决不允许他们擅权干政、谋取私利，不得纵容他们影响政策制定和人事安排、干预正常工作运行，不得默许他们利用特殊身份谋取非法利益。

　　坚持民主集中制，严格领导班子议事决策规则，落实领导干部插手干预重大事项记录制度，确保公正用权、依法用权、为民用权、廉洁用权。党员、干部权为民所赋，也就只能为民所用、为公所用，"有权不可任性"，决不能因为自己拥有了一定的权力，就忘记了权力背后的责任，把权力看作是自己的私有财产，以一己之好去随意分割，或挪作己用或赠予他人，令国家和人民的利益无端受损失。习近平总书记指出："在现实生活中，不少领导干部法治意识比较淡薄，有法不依、违法不究、知法犯法等还比较普遍，特别是少数领导干部不尊崇宪法、不敬畏法律、不信仰法治，崇拜权力、崇拜金钱、崇拜关系，大搞权权勾结、权钱交易、权色交易，一些地方和单位被搞得乌烟瘴气，政治生态受到严重破坏。"[1]如何靠制度更有效地防治腐败，仍然是我们面临的一个重大课题。习近平总书记指出："各级领导干部要带头依法办事，带头遵守法律，牢固确立法律红线不能触碰、法律底线不能逾越的观念，不要去行使依法不该由自己行使的权力，更不能以言代法、以权压法、徇私枉法。"[2]对违规违纪、破坏法规制度踩"红线"、越"底线"、闯"雷区"的，要坚决严肃查处，不以权势大而破规，不以问题小而姑息，不以违者众而放任，不留"暗门"、不开"天窗"，坚决防止"破窗效应"。

严格落实中央八项规定及其实施细则精神，坚持自查自纠，驰而不息改进作风。党的十八大以来，以习近平同志为核心的党中央坚定推进全面从严治党，制定和落实中央八项规定，开展党的群众路线教育实践活动，坚决反对形式主义、官僚主义、享乐主义和奢靡之风。这对于我们党始终保持党的先进性和纯洁性、始终保持党同人民群众的血肉联系、使我们党始终成为中国特色社会主义事业的坚强领导核心，具有十分重要的意义。违反中央八项规定精神问题，是党风廉政建设的突出问题，关系到人心向背。只有把纪律和规矩立起来、严起来，抓早抓小、动辄则咎，才能防止"四风"问题反弹，以作风建设的新成效推动全面从严治党落到实处。

四、注意家庭家教家风建设

注意家庭家教家风建设，保持共产党人的高尚品格和廉洁操守。习

---

[1] 中共中央文献研究室编：《习近平关于全面依法治国论述摘编》，中央文献出版社2015年版，第118页。

[2] 《习近平出席中央政法工作会议并发表重要讲话》，人民网2014年1月9日。

近平总书记指出:"领导干部的家风,不是个人小事、家庭私事,而是领导干部作风的重要表现。"[1]中国古代历来讲格物致知、诚意正心、修身齐家、治国平天下。从某种角度看,格物致知、诚意正心、修身是个人层面的要求,齐家是社会层面的要求,治国平天下是国家层面的要求。家风对于个人、家庭、社会和国家的发展都具有重要意义。领导干部要懂得"修身、齐家、治国、平天下"的道理,抓好自身修行,管好家人,培育和建设良好家风。从近年来查处的腐败案件看,家风败坏往往是领导干部走向严重违纪违法的重要原因。不少领导干部不仅在前台大搞权钱交易,还纵容家属在幕后收钱敛财,子女等也利用父母影响经商谋利、大发不义之财。有的将自己从政多年积累的"人脉"和"面子",用在为子女非法牟利上,其危害不可低估。古人说:"将教天下,必定其家,必正其身。""莫用三爷,废职亡家。""心术不可得罪于天地,言行要留好样与儿孙。"习近平总书记多次强调,"要做到廉以修身、廉以持家,培育良好家风,教育督促亲属子女和身边工作人员走正道"[2],"必须管好亲属和身边工作人员,决不允许他们擅权干政、谋取私利,不得纵容他们影响政策制定和人事安排、干预正常工作运行,不得默许他们利用特殊身份谋取非法利益"[3]。

对于领导干部而言,其家风与党风、政风密不可分。因为在群众看来,领导干部的家庭与干部个人是作为一个整体的,领导干部家风好坏、其配偶子女在社会上的言行举止等,都直接影响着领导干部个人甚至整个干部队伍的作风。《关于新形势下党内政治生活的若干准则》规定:"领导干部

---

[1]《习近平主持召开中央全面深化改革领导小组第十次会议》,人民网2015年2月28日。
[2] 中共中央纪律检查委员会、中共中央文献研究室编:《习近平关于严明党的纪律和规矩论述摘编》,中国方正出版社、中央文献出版社2016年版,第68页。
[3]《习近平谈治国理政》(第二卷),外文出版社2017年版,第155页。

特别是高级干部必须注重家庭、家教、家风，教育管理好亲属和身边工作人员。严格执行领导干部个人有关事项报告制度，进一步规范领导干部配偶子女从业行为。禁止利用职权或影响力为家属亲友谋求特殊照顾，禁止领导干部家属亲友插手领导干部职权范围内的工作、插手人事安排。各级领导班子和领导干部对来自领导干部家属亲友的违规干预行为要坚决抵制，并将有关情况报告党组织。"

反对特权思想和特权行为，全面规范领导干部配偶、子女及其配偶经商办企业行为，完善政策规定，引导和督促领导干部主动规范、自我规范。反腐倡廉建设，必须反对特权思想、特权现象。共产党员永远是劳动人民的普通一员，除了法律和政策规定范围内的个人利益和工作职权以外，所有共产党员都不得谋求任何私利和特权。这个问题不仅是党风廉政建设的重要内容，而且是涉及党和国家能不能永葆生机活力的大问题。要采取得力措施，坚决反对和克服特权思想、特权现象。要大力弘扬中华民族勤俭节约的优秀传统，大力宣传节约光荣、浪费可耻的思想观念，努力使厉行节约、反对浪费在全社会蔚然成风。要不折不扣执行改进工作作风相关规定，把要求落实到每一项工作、每一个环节之中。《中共中央关于加强党的政治建设的意见》指出，党员、干部要"持之以恒锤炼政德，明大德、守公德、严私德，带头遵守《中国共产党廉洁自律准则》，注重家庭家教家风，自觉做廉洁自律、廉洁用权、廉洁齐家的模范"。对于配偶、子女等亲属在领导干部管辖范围内从事的经营活动，党和国家出台相关规定，对这种行为作出了一定的限制。如果党员领导干部发现配偶、子女等亲属违反有关规定，在其管辖的区域或者业务范围内从事可能影响其公正执行公务的经营活动，应当予以纠正。如果不纠正，就要受到相应处理。爱护家庭、关心亲友是人之常情，但关爱什么、怎么关爱值得党员领导干部认真思考和严肃对待。党员领导干部作为"关键少数",一定要严格教育、约束配偶、子女等亲属,既做到自己清正廉洁,又确保他们立得正、行得直。

五、开展任前和常态化警示教育

新任职党员、干部,要牢固树立"四个意识",旗帜鲜明讲政治。认真学习马克思主义经典著作,坚持用习近平新时代中国特色社会主义思想武装头脑,全面贯彻落实党的十九大和十九届二中、三中、四中、五中全会精神,坚定"四个自信",切实解决好理想信念这个"总开关"问题。无论在什么地方、什么岗位,都在思想上政治上行动上同以习近平同志为核心的党中央保持高度一致,自觉做到党中央提倡的坚决响应,党中央决定的坚决执行,党中央禁止的坚决不做。把严肃党内政治生活作为讲政治的突破口和硬抓手,着力解决党内政治生活原则性不强、战斗性不足等突出问题,切实增强党内政治生活的政治性、时代性、原则性、战斗性。

要认真检查和筑牢理想信念。在入党动机、思想政治倾向、精神状态以及在职务和生活水准的追求方面进行认真的反思,从根本上解决好"为了谁"的问题,核心是解决好公与私的问题。要努力践行为人民服务的根本宗旨。每位同志都要切实找到为人民服务的差距和改进的切入点,心中既要有全局,也要建起服务群众这本账,在履职尽责中强化宗旨意识,增强对人民群众的感情,提高为人民服务的自觉性。要在工作中做出实实在在的成绩来。要不懒惰,不分神,少应酬,多学习,出实招,求实效,拒平庸,谋创新,努力追求卓越,以实绩回报组织和人民。要做敢于担当有肩膀的领导者。要敢于坚持原则,敢于扬善抑恶,敢于承担责任,敢于触碰棘手的人和事,遇到困难不回避,碰到矛盾不上交,坚持政治定力不动摇。要在管党治党上作表率，切实增强主体责任意识，牢固树立抓好党建是最大政绩的理念，自觉扛起管党治党政治责任，管好班子，带好队伍，不断提高党组织的创造力凝聚力战斗力；要在严守政治纪律上当模范，在大是大非问题上始终保持清醒头脑，做到旗帜鲜明、立场坚定、认识统一、表里如一、态度坚决、步调一致；要坚持正确的工作思路和政策不动摇，坚持问题导向、补齐短板的要求不动摇，持续巩固社会和谐稳定的良好局面。要把作风建设摆在更加重要的位置，自觉摒弃"四风"，坚决革除"四气"，真正做到在其位、谋其政、尽其责；要坚持为官从政底线，明大德、守公德、严私德，做到廉洁自律守规矩，严守财经纪律，净化交往圈，学法懂法守法，不抱侥幸心理。

常态化开展警示教育，以案明纪、以案为戒、以案促改。必须以高度的政治责任感推进警示教育常态化制度化，强化不敢腐的震慑，筑牢不想腐的思想堤坝，以案为鉴、施教于先，不断增强警示教育的政治性、针对性、实效性。各级党委（党组）要真正扛起主体责任，凡查结的党员、干部违纪违法案件，都要在本地区本部门开展警示教育，以案释纪明法明责，让党员、干部引以为鉴。

要加强制度建设。注重日常警示，用制度保障警示教育工作常态化开展，结合本地本部门工作实际，研究制定关于加强警示教育工作的实施意见，明确"四个统一"，即坚持思想教育与制度建设相统一、坚持突出重点与全面覆盖相统一、坚持分案施教与分类警示相统一、坚持反面警示与正面教育相统一，用制度把警示教育固化下来。

要强化责任考核。把警示教育纳入领导班子和领导干部年度党风廉政建设责任制考核中，加强警示教育落实情况监督检查，对警示教育活动中的懈怠、"走过场"行为予以监督、纠正和处理；对发生重大案件的部门，督促召开专题民主生活会，反思主体责任落实不力的问题，切实保障警示教育主体责任落实到位。要让警示教育成为党员领导干部的必修课，使"关键少数"既成为警示教育的受教者，也成为警示教育的施教者。要突出政治性，强化警示教育的政治作用，从案件中深刻剖析腐败分子违反政治纪律的"破窗效应"和严重危害，从思想根源抓起，引导各级领导干部把"两个维护"落实到一言一行上，绝不能从"看片人"变成"片中人"，自觉做政治上的明白人。要突出震慑性，通过痛心疾首的忏悔，一点一滴的政治账、社会账、家庭账、经济账、自由账，给领导干部带来强烈的思想冲击和心灵震撼，使各级领导干部清醒看到腐败行为成本之高、危害之深、代价之大，必须讲政德修政德，时刻保持人民公仆本色。要突出引领性，深刻剖析领导干部因为不注意作风建设，而一步步走向违纪违法的深刻教训，强调作风建设的重要性，促使各级领导干部发挥"头雁效应"，坚定不移纠"四风"、树新风，持续擦亮作风建设"金色名片"，以自身示范引领匡正党风政风、净化政治生态。

要精准选取案例。建立典型案例资源库，深入挖掘重点领域、关键岗位、热点行业警示教育资源，形成多层次、系统化的反面教材，走出盲目追求"高职务""大案件"的误区，在身边的小案、新案上下功夫。要精准剖析案例，纪委监委的宣传、法规、案管、审理、党风、监督检查等职能部室，要善于对发生的同类案件，针对违纪违法人员所在单位"两个责任"落实不到位、行业主管部门监督缺失、制度建设漏洞、自身思想心理蜕变等方面进行抽丝剥茧，从纪律、制度、法律等层面精准剖析原因，引导党员、干部主动把自己摆进去，自觉校准人生航线和价值坐标，筑牢思想防线，坚守纪律规矩底线，做忠诚干净担当的好干部。

附 录

关于巩固深化"不忘初心、牢记使命"主题教育成果的意见

在全党开展以深入学习贯彻习近平新时代中国特色社会主义思想为主要内容的"不忘初心、牢记使命"主题教育，实现了理论学习有收获、思想政治受洗礼、干事创业敢担当、为民服务解难题、清正廉洁作表率的目标任务。为深入贯彻习近平新时代中国特色社会主义思想，全面贯彻党的十九大和十九届二中、三中、四中全会精神，持续推动全党不忘初心、牢记使命，切实增强"四个意识"、坚定"四个自信"、做到"两个维护"，团结带领人民群众为完成新时代党的历史使命而不懈奋斗，现就巩固深化"不忘初心、牢记使命"主题教育成果提出如下意见。

一、坚持用习近平新时代中国特色社会主义思想武装全党。习近平新时代中国特色社会主义思想是中国共产党的思想旗帜。坚持读原著、学原文、悟原理，继续在学懂弄通做实上下功夫，使全党始终保持统一的思想、坚定的意志、协调的行动、强大的战斗力。县处级以上领导班子要落实党委（党组）理论学习中心组学习制度，每年至少举办 1 期读书班，列出专题，集中学习研讨。党员领导干部要列出年度重点书目学习，每年至少到分管领域、学校等基层单位或所在党支部讲 1 次专题党课。党员要按时参加党员大会、党小组会和上党课，通过学典型案例、听理论宣讲，增强学习效果。

二、强化理想信念教育和党性教育。坚持集中培训与日常教育相结合、组织教育与自我提高相结合，引导党员、干部筑牢信仰之基、补足精神之钙、把稳思想之舵。党员、干部要把党章作为必修课，经常学习对照，内化于心、外化于行。党员、干部党性教育和领导干部任职培训，要把党章作为必学内容。党委（党组）理论学习中心组每年安排1次党章集体学习，党支部每年组织1次党章专题学习交流。强化对党忠诚教育，落实主题党日制度，坚持和完善重温入党誓词、党员过"政治生日"等政治仪式，教育引导党员、干部强化党的意识、党员意识。加强党规党纪教育特别是政治纪律和政治规矩教育，督促党员、干部强化组织观念，做到"四个服从"。就近就便用好红色资源、党性教育基地等，开展革命传统教育，传承红色基因，激发前行动力。开展党史、新中国史、改革开放史、社会主义发展史专题教育，让党员、干部学习了解党成立以来的重大事件、重要会议、重要文件、重要人物，了解党的光荣传统、宝贵经验和伟大成就，做到知史爱党、知史爱国。

三、开展经常性政治体检。把政治体检作为党员、干部自觉打扫思想政治灰尘、不断增强政治免疫力的重要途径，发扬自我革命精神，用足用好批评和自我批评这一锐利武器，及时检视整改违背初心使命的各种问题，永葆党的先进性和纯洁性。各级领导班子和党员、干部要经常对照习近平新时代中国特色社会主义思想和党中央决策部署，对照党章党规，对照人民群众新期待，对照先进典型、身边榜样，查找自身在政治、思想、组织、作风、能力、廉洁等方面存在的差距和不足。领导班子还要针对巡视巡察、干部考核、专项督查反馈的意见，联系本地区本部门本单位发生的重大事件、典型案件，把自己摆进去、把职责摆进去、把工作摆进去，集体讨论查找问题。针对检视查摆的问题，立查立改，从具体事、身边事、群众最不满意的事改起，整改情况在适当范围内公开。各级领导班子成员之间、党支部委员之间要经常性开展谈心谈话，交流思想、相互提醒、相互帮助。严格落实民主生活会、组织生活会制度，切实把批评和自我批评开展起来。党员领导干部要以普通党员身份参加所在党支部或者党小组组织生活，虚心听取意见，带头开展批评和自我批评。把民主生活会、组织生活会整改工作同党员、干部政治体检中查找出来的问题整改结合起来，保证整改到位。

四、推动党员、干部履职尽责、担当作为。敢担当、善作为是新时代党员、干部必备的政治素质。教育引导党员、干部忠实履行职责，做出经得起实践、人民、历史检验的实绩。健全重大突发事件领导班子应急处置机制和党员、干部应急动员发挥作用机制，推动领导班子和领导干部坚守岗位、靠前指挥，引导党员、干部关键时刻冲得上去、危难关头豁得出来、重大斗争中经得住考验。加强治理能力和专业能力培训，强化实践锻炼，提高干部打硬仗、解难题、防风险的能力。健全干部担当作为的激励和保护机制，落实激励干部担当作为的具体措施，坚持能者上、优者奖、庸者下、劣者汰的选人用人导向，突出实干实绩考察考核干部，及时宣传表彰先进典型。建立党员先锋岗、责任区，推行设岗定责、承诺践诺，组织党员立足本职、担当尽责，发挥先锋模范作用。把干部担当作为情况作为结合巡视巡察开展选人用人专项检查的重要内容。对不敢面对问题、触及矛盾，工作长期没有实质性进展、群众反映强烈的问题长期得不到解决的领导班子，对庸政懒政怠政的领导干部，对解决群众困难"推拖绕"的党员、干部，依规依纪依法予以问责。

五、聚焦破解重点难点问题加强调查研究。大兴调查研究之风，把调查研究贯穿工作谋划、决策和执行全过程，贯穿发现和解决问题、密切党群干群关系全过程。县处级以上领导班子要围绕贯彻落实党中央决策部署和当前正在做的事情，着眼解决实际问题，每年研究确定若干重点调研课题。领导干部要结合分管工作领题调研，自己撰写或主持起草调研报告。调研结束后，领导班子要研究分析问题症结、提出政策措施，把调研成果转化为解决问题、改进工作的实招硬招。坚持问题导向，哪些方面问题突出就聚焦哪些方面调研，问题出在哪个环节就重点在哪个环节调研。对调研发现的问题，能解决的马上解决，一时解决不了的要有时限。加强调研统筹，改进调研作风，防止扎堆调研、作秀调研，不增加基层负担。

六、坚持不懈为群众办实事做好事解难事。始终坚持以人民为中心，牢记人民利益高于一切，真心实意帮助群众解决实际困难，增强人民群众的获得感、幸福感、安全感。省、市、县党政领导班子要聚焦解决人民群众最急最忧最盼的问题，制定年度民生实事计划。采取适当方式公开方案、进度和结果，接受群众评价和监督。完善党员、干部直接联系群众制度，县处级以上党政领导班子成员要建立基层联系点，联系时间一般不少于1年，各层级联系点一般不重复交叉。领导干部每年深入联系点至少1次。围绕解决改革发展稳定中的重点难点问题开展联系点工作，了解社情民意，帮助建强基层组织、谋划发展思路、解决发展难题。推行党员志愿服务，组织党员结合实际参加党组织开展的志愿服务活动，鼓励和引导在职党员到工作地或居住地党组织报到为群众服务。把联系服务群众与经常性做好群众思想政治工作结合起来，在解决实际问题中教育引导群众、组织凝聚群众，保持党同人民群众的血肉联系。

七、坚决反对形式主义、官僚主义。各地区各部门各单位要把树立正确政绩观的要求具体化，改进领导方式和工作方法，决不做自以为领导满意却让群众失望的蠢事。重点纠治贯彻落实党中央决策部署装样子、做选择、搞变通，维护群众利益不担当不作为特别是漠视人民群众生命安全和身体健康，发文开会不切实际，落实工作重"形"不重"效"、重"痕"不重"绩"，督查检查考核大范围要台账资料，多头重复向基层派任务要表格等问题。通过明察暗访、监督举报、重点督办，严肃查处典型问题。各地区各部门各单位每年要对形式主义、官僚主义问题纠治情况进行自查，加强督促整改。对形式主义、官僚主义的新表现、新动向进行梳理，作为下一年度纠治重点任务，持续深化整治，防止反弹回潮。

八、开展常态化专项整治。开展专项整治是解决工作中突出问题的有效方法和重要抓手。聚焦动摇党的根基、阻碍党的事业的各种问题，列出重点、集中整治。省（自治区、直辖市）党委要综合分析民意收集、信访反映、巡视巡察、调查研究等方面情况，每年确定若干突出问题进行专项整治。加强部门联动、上下互动，整体推进问题解决。适时组织开展专项检查，对问题较多的地区和单位重点查访，对专项整治不力或搞形式走过场的严肃批评、督促改正。

九、督促党员、干部遵规守纪、廉洁从政。督促党员、干部正确处理公私、义利、是非、情法、亲清、俭奢、苦乐、得失的关系，清清白白做人，干干净净做事，保持为民务实清廉的政治本色。党员领导干部要严守党的政治纪律和政治规矩，严格执行廉洁自律准则、党内政治生活若干准则、重大事项请示报告制度、领导干部个人有关事项报告制度等，知敬畏、存戒惧、守底线。坚持民主集中制，严格领导班子议事决策规则，落实领导干部插手干预重大事项记录制度，确保公正用权、依法用权、为民用权、廉洁用权。严格落实中央八项规定及其实施细则精神，坚持自查自纠，驰而不息改进作风。注意家庭家教家风建设，保持共产党人的高尚品格和廉洁操守。反对特权思想和特权行为，全面规范领导干部配偶、子女及其配偶经商办企业行为，完善政策规定，引导和督促领导干部主动规范、自我规范。对新任职党员领导干部及时开展廉政谈话。常态化开展警示教育，以案明纪、以案为戒、以案促改。

党委（党组）要负起主体责任，结合统筹推进常态化疫情防控和经济社会发展、改革发展稳定等各方面工作和人民群众对美好生活的新期待，加强组织领导，强化督促指导，推动巩固深化"不忘初心、牢记使命"主题教育成果各项任务落地见效。加强考核评估，通过听取意见、随机查访测评，了解党员、群众评价，及时发现解决存在的突出问题。上级党组织要派人列席下级党组织的民主生活会、专题学习研讨会等，加强具体指导。领导机关、领导干部要走在前、作表率，既抓自身又抓下级，形成一级抓一级、层层抓落实的工作机制，推动全党形成坚定理想信念、坚守初心使命、敢于担当作为的浓厚氛围。

（《人民日报》2020年9月15日）